FINANCIAL
STATEMENTS

手把手教你
读懂财务报表

曾永翠◎编著

中国铁道出版社有限公司
CHINA RAILWAY PUBLISHING HOUSE CO., LTD.

内 容 简 介

企业经营状况直接的反应就是企业的财务报表，可对于财务报表，我们应该怎么来阅读，如何找寻财务报表中我们需要的信息呢？

本书通过财务相关的知识理论，结合实际的案例分析，对财务报表的结构组成、阅读方法、财务报表分析等各个方面进行了分解讲述。

全书共 11 章，不仅包括财务报表的基本面，即财务报表的理论组成基础，哪些人群需要阅读财务报表，财务报表的结构组成，从财务报表看企业的财务分析，通过财务分析看企业的偿债能力及盈利能力，还有财务分析方法，再结合案例对财务报表分析进行解读，引导读者客观全面地了解企业的财务分析指标，理性认识财务指标中的各种陷阱。最后列举财务报表实例进行相关的案例分析。

本书针对的读者不仅是没有财务基础的投资者和小型企业老板，也适用于从事财务分析以及财务管理的从业人员阅读，对于从事投资分析、证券交易、银行授信等相关行业的人员也具有一定的参考价值。

图书在版编目（CIP）数据

手把手教你读懂财务报表 / 曾永翠编著 . —北京：

中国铁道出版社有限公司，2019.7（2022.1 重印）

ISBN 978-7-113-25767-5

Ⅰ . ①手… Ⅱ . ①曾… Ⅲ . ①会计报表 – 基本知识

Ⅳ . ① F231.5

中国版本图书馆 CIP 数据核字（2019）第 087782 号

书　　名：**手把手教你读懂财务报表**

作　　者：曾永翠

责任编辑：张　丹　编辑部电话：（010）51873022　邮箱：505733396@qq.com

封面设计：MXK DESIGN STUDIO

责任印制：赵星辰

出版发行：中国铁道出版社有限公司（100054，北京市西城区右安门西街 8 号）

印　　刷：佳兴达印刷（天津）有限公司

版　　次：2019 年 7 月第 1 版　2022 年 1 月第 2 次印刷

开　　本：700mm×1000mm　1/16　印张：15.75　字数：250 千

书　　号：ISBN 978-7-113-25767-5

定　　价：55.00 元

前言

F O R E W O R D

随着信息化建设发展的速度越来越快，科技经济发展水平日益提高，企业的财务数据在企业的发展管理中发挥的作用也越来越大，越来越多的企业也非常重视其财务分析。而通过对财务数据的分析，挖掘出对企业经营决策有用的信息，已成为许多企业一项常态化的工作。财务报表分析是一项专业性较强、实践性也比较强的工作，要讲究相关的方法，运用特殊的技巧。我们只有真正理解了财务数据，熟练掌握相关财务指标，结合企业实际的发展情况，才能从财务数据中得到有用的信息，从而为企业的经营发展决策提供科学的数据支撑。

财务报表是为众多财务信息的使用者而编制的，这些使用者一般包括公司经理、股东、债权人、证券分析家、供应商、租赁机构、雇员、工会、主管部门以及社会公众等，他们需要利用财务报表提供的信息进行各种分析并做出决策。但是，要进一步了解企业在经营活动中所取得的成绩和存在的问题，进而进行有效的经济决策，仅仅根据财务报表提供的资料是远远不够的，还需要对这些数据资料进一步加工、分析、比较，得到经营管理和经营决策所需要的经济信息。

那么，我们如何来对财务报表进行分析比较呢？对于财务报表，我们要怎么去认识它？要如何从一个个独立的数字中去提取对于我们而言有用的信息？又如何去分析一个企业的财务指标？针对得到的财务指标，如何判断目前情况是否符合企业发展，是否具有欺骗性呢？本书将一一为你解答这些疑惑。

本书共 11 章，大概可以划分为四个部分。

部分	阐述
第一部分 （第 1~6 章）	这部分包括两个方面，第一方面是本书的第 1 章，内容主要包括财务报表分析的基本入门知识、财务报表的组成要素、阅读财务报表的小窍门以及财务报表应该为哪些人群服务；第二方面包括本书的第 2~6 章，内容是对企业财务报表的各种理解，重点包括资产负债表、利润表、现金流量表以及企业的所有者权益变动表和财务报表附注的详细内容，这部分的内容可以帮助我们理解财务报表各个项目的来龙去脉，为我们分析财务报表打下基础
第二部分 （第 7~9 章）	主要介绍企业的财务分析指标和财务分析方法，通过一定的方法技巧对数据进行加工提炼，从而获取有效的财务信息，看企业的财务能力。通过财务分析指标和分析方法的理论讲述，列举相关的实例，更通俗易懂
第三部分 （第 10 章）	主要介绍财务指标背后的假象。我们并不能保证提供的所有财务数据都是真实可靠的，所以我们要学会分析隐藏在其中的一些虚假信息，从而全面、客观、辩证地看待财务指标
第四部分 （第 11 章）	本章主要介绍了财务报表实例，结合企业的相关信息，对其 2018 年度财务指标进行分析，了解该企业 2018 年度财务状况，对本书的知识进行实战应用

本书针对的读者不仅是没有财务基础的投资者和小型企业老板，也适用于从事财务分析以及财务管理的从业人员阅读，对于公司的高层管理人员深入了解企业经营情况也有重要的参考价值。

最后，希望所有读者能够从本书中受到启发，学会读懂财务报表，学会查看并分析企业发展状况。

编　者
2019 年 4 月

特别说明：本书所有的案例均改编于真实的工作实例，但是为了方便读者学习和熟悉在 2019 年 4 月以后实施的增值税新政策以及个人所得税新政策，因此本书部分案例发生时间人为设定在 2019 年 4 月及其以后，不会影响读者对相关知识的正常学习。

目录

C O N T E N T S

1 打好根基：初揭财务报表神秘面纱

如何考量一个企业在一定时期的生产经营状况，资金流动使用情况，该企业的盈利能力如发展前景等，直观的就是看企业的财务报表。但是财务报表到底是指什么呢？它对于我们会有怎样的魔力呢？

2 企业的底子：资产负债表

资产负债表是某一特定时间点状态的报表，用来描述一个企业在一个特定的时期，是资产大于负债还是负债大于资产，是企业整个资产负债及所有者权益的集中体现。

3 企业的面子：利润表

任何企业的经营活动都是对利润的追求，利润的获取是企业发展的原动力，经营活动中收入是企业重要的利润来源，也是企业对外的"面子"，一个企业的效益好不好，利润表可以告诉我们一些答案。

4 企业的日子：现金流量表

现金流量表是以现金为基础编制的财务状况变动表，是企业现金获取能力的集中体现，是企业要过日子的反映。

4.4　从现金流量表能读到企业哪些信息　/122

5　企业的压舱石：所有者权益变动表

所有者权益变动表是新会计准则颁布后新增的主要报表之一，是资产负债表权益项目的细化和利润表的补充，它是企业的压舱石，反映企业各权益项目的变化，有利于报表使用者了解企业净资产状况。

5.1　企业的实收资本　/126

5.2　企业的资本公积怎么算　/130

5.3　企业盈余公积怎么计算　/131

6 企业的秘密：财务报表附注

财务报表附注是对企业账务报表本身难以具体表述和体现的企业经营状况的补充说明，它隐藏了企业财务分析核算的诸多秘密。

7 企业的盈利能力分析

企业成立一般以盈利为目的，盈利是企业追求的目标。一个企业要持续不断发展，自身最重要的条件就是盈利的能力，如果一个企业长期亏损，企业还会有信心经营下去吗？因而盈利能力是企业重要的发展动力，是企业应重点关注的财务分析指标。

8　企业的偿债能力分析

　　企业除了有自身的盈利能力，其偿债能力也是企业必须拥有的重要能力。企业有无偿债能力是企业生产与发展的关键，偿债能力的高低决定着企业债务风险的大小，它与企业的破产风险紧密相连，也是债权人非常关注的一个问题。

9　财务分析方法知多少

　　财务分析是一项比较复杂的工作，为了达到企业财务分析的目的，在企业进行财务分析的过程中，必须选择科学的财务分析方法，以期达到各方的财务分析要求。

10 识破财务报表的虚假信息

财务报表是企业财务状况、财务能力及经营成果的集中体现，我们了解企业的财务信息，首先要借助的就是企业的财务报表。而且使用者应百分百确认财务报表的真实性。

11 财报分析案例

针对理论知识，需要在实际工作中去运用体现。

I

打好根基：初揭财务报表神秘面纱

对于我们而言，如何考量一个企业在一定时期的生产经营状况，资金流动使用情况，该企业的盈利能力如发展前景等，直观的就是看企业的财务报表。但是财务报表到底是指什么呢？它对于我们会有怎样的魔力呢？本章将为大家揭开财务报表的神秘面纱，将这位"羞涩的姑娘"展现在大家眼前。

【本章要点】

财务和会计是一回事吗

财务报表概述全知道

财务报表基本的组成要素有哪些

财务报表为谁服务

财务和会计是一回事吗

相信大家一说起财务，一定会想到会计。很多人的理念中都认为财务就是会计，财务和会计之间就是可以画等号的，但真的是这样的吗？财务和会计是一回事吗？

1.1.1 财务和会计概述

1.财务概述

财务主要是指财务活动和财务关系。财务活动是企业再生产过程中涉及资金的活动，表明财务的形式特征，而财务关系是财务活动中企业与其开展经营活动中各个方面的关系，包括企业与客户的关系，企业与员工的关系，企业与政府、税务机关等的关系。

因而企业财务就是企业再生产过程中的资金活动，体现企业与各个方面的经济关系。

财务是企业经营的重要管理方向，是企业管理工作中的重点。财务管理是在企业既定的整体目标下，关于企业资产的购置投资、资本的融通、经营中现金流量以及利润的分配管理。该管理工作的目的就是实现企业的各项目标，具体如图 1-1 所示。

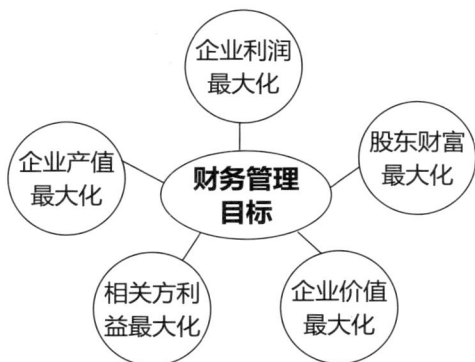

图 1-1 财务管理的目标

财务管理也不是随心所欲的，在经过不断的发展与探寻中，形成了自己的相关模式与原则，其主要遵循以下基本原则。

- ◆ **原则一**：风险收益的权衡——即对额外的风险需要有额外的收益进行补偿，企业经营者们总是会对投资风险进行评估，对于投资的风险需要其他途径的收益来进行平衡。

- ◆ **原则二**：货币的时间价值——财务管理会考虑货币的时间价值，在现实环境中，货币会随着时间的推移而贬值，简单来说，就是今天的一元钱比未来的一元钱更值钱。

- ◆ **原则三**：价值的衡量要考虑的是现金而不是利润——在财务管理中，现金作为流动资产，是价值衡量的重要指标。

- ◆ **原则四**：增量现金流——净现金流的增加才是企业良性循环发展的有力保障；

- ◆ **原则五**：在竞争市场上没有利润特别高的项目，利润是一个相对的指标，要树立竞争市场意识。

- ◆ **原则六**：有效的资本市场——市场是有形和无形的手在起作用，价格受供求等因素的影响，市场是经济的最好反馈，市场是灵敏的，价格是合理的。

- ◆ **原则七**：纳税影响业务决策，企业的经营决策必须符合国家的法律规章制度，税收政策对企业的影响最大，往往影响企业的决策方针。

在现实的企业财务管理中，部分企业管理者存在重使用价值实物管理，轻价值综合管理；重生产成本管理，轻资金成本控制；重当期收益，轻风险控制；重事后分析，轻事前预防等管理理念。这些管理理念造成了企业财务管理无章、无序，给财务工作埋下了隐患，下面就日常财务管理中比较常见的问题进行分析。

◆ 事前预算没有大局把控，事后分析不到位，较为普遍的情况是很多企业将预算流于一种形式，事前没有全面客观地依据市场数据认真分析编制预算，在执行的过程中未对预算完成情况进行严格考核，事后的评价和分析严重不到位。

◆ 缺乏财务创新。在现代企业管理中，多数企业现用的管理模式已不适应市场的发展，缺乏财务创新激励，工作效率低下。

◆ 财务架构不健全，组织机构设置不合理。大部分企业财务机构的设置是中间层次多、效率低下；还有部分企业管理者在财务机构设置方面方法不够科学，有的甚至未设置专门的财务机构。

◆ 内控体系不完善，缺乏风险管理意识。部分企业财务运行不够规范，权责不到位，内部控制制度等基本财务管理制度不健全，部分企业缺乏风险管理和控制机制。

◆ 费用管理不规范，资产管理散乱。在费用开支上，部分企业管理不严，未建立或未实行"一支笔"审批制度；在资产管理上，部分企业没有定期对资产进行盘点，资产实物与登记簿不符，实物管理和账务管理都有很多漏洞。

◆ 成本核算粗放，控制不严。有些企业的成本核算十分粗放，将各种产品成本笼统汇总核算，不利于加强成本控制；有的企业管理者只注重生产过程的成本控制，事前、事中控制成本的能力较低，造成不必要的浪费。

在财务管理中应着重避免上述问题的出现，在日常企业管理方面，只有加强财务管理，才能增加企业的竞争能力，提高企业抵抗市场风险的能力，扩大企业盈利。在企业中建立财务危机预警系统、内部监督制度和内部控制制度，培养并增强财务风险意识，及时了解企业财务运营的真实情况，优化财务结构，从而规避风险，改善不良经营状况，实现企业目标，确保企业的生存和发展壮大。

2. 会计概述

会计是以货币为主要计量单位，以凭证为主要依据，借助于专门的技术方法，对一定单位的资金运动进行全面、综合、连续、系统的核算与监督，向有关方面提供会计信息、参与经营管理，旨在提高经济效益的一种经济管理活动。简而言之，会计就是把企业有用的各种经济业务统一成以货币为计量单位，通过记账、算账等一系列工作来提供反映企业财务状况和经营成果的经济信息。

我国《企业会计准则》中对会计核算的目标做了明确规定：会计的目标是向财务会计报告使用者提供与企业财务状况、经营成果和现金流量等有关的会计信息，反映企业管理层受托责任履行情况，有助于财务会计报告使用者做出经济决策。

会计是企业经济活动中的重要岗位，一般的工作内容如下所述。

①每个月要做的第一件事就是根据原始凭证登记记账凭证，一般而言，原始凭证都需要企业相关流程需要相关人员签字，然后月末或定期编制科目汇总表登记总账。之所以月末登记是因为要通过科目汇总表试算平衡，保证记录不出错，每发生一笔业务就根据记账凭证登记明细账。目前许多企业都实现了会计电算化核算，因而其记账凭证、总账和明细账都可以在专业的财务软件中完成填制。

②月末须注意提取固定资产折旧，待摊费用的摊销等，若是新办企业，开办费在第一个月全部转入费用，月末还要提取税金及附加（城建税、教育费附加等）。

③月末所有记账凭证和折旧摊销完成后，结转期间损益类科目，转入本年利润。

④最后根据总账的资产（货币资金、固定资产、应收账款、应收票据和

短期投资等），负债（应付票据、应付账款等），所有者权益（实收资本、资本公积、未分配利润和盈余公积）等科目的余额编制资产负债表，根据总账或科目汇总表的损益类科目（如管理费用、主营业务成本、投资收益和税金及附加等）的发生额（发生额是指本月的发生数）编制利润表。

⑤剩下是装订凭证，写报表附注，分析情况表之类的工作。

注意问题：

①以上除编制记账凭证和登记明细账之外，均在月末进行。

②月末结现金、银行账，一定要账实相符；每月月初根据银行对账单编制银行存款余额调节表，注意分析未达款项；月初报税时注意时间，不要逾期报税，另外，当月开出的发票当月入账。

会计工作是企业要求能力全面的工作岗位，需要不断加强学习，及时了解国家的税收政策与会计相关规定的变化，全面提升自身工作能力，促进自身在社会和企业中的发展。

1.1.2 财务和会计的联系

会计不是财务，财务也不等同于会计，它们二者虽然不是一回事，但它们相互联系，有其相通的地方，也有其不同的点，那么财务与会计之间有何联系呢？

会计可以是财务工作的重要一环，会计工作为财务管理和企业经营决策提供依据，是财务决策的前提，只有会计工作做好了，财务决策才能把控好方向。但财务管理工作又与会计工作息息相关，财务为会计创造环境，促进会计的提升与进步。

虽然会计和财务相辅相成，但是二者又有很大的区别，如下所示。

◆ **二者对企业经营活动的角度不同**：财务是从货币的时间价值去分析和预测公司的经营状况；会计是从货币计量去核算和分析公司的经营活动。

◆ **二者对企业经营决策的作用不同**：会计是会计人员对公司财务数据的记录、核算、报告，并形成凭证、账簿、报表等基础性核算资料，是为公司的经营决策提供依据的；而财务则更倾向于公司决策的过程，主要负责统筹规划企业的整个经济活动，规划过程中依据的信息包括报表，也包括其他外部的有效信息，用投资者的钱去投资来获得回报。如果说会计主要是记账，财务就是怎么用钱。

◆ **二者的方法与方向不同**：简单来说会计就是做账的，财务是对这个账进行分析，并做出相关决策。财务分析不一定像会计那样会做账，但其可以从账中分析出存在的问题，许多企业负责财务分析的都是有一定会计基础的人员。

◆ **二者的侧重点不一样**：会计偏重于执行，财务偏重于决策；会计偏重于现在和过去，财务偏重于未来；会计工作要按会计准则来实施，而财务工作则采取不同的信息处理方法处理信息。

会计与财务虽然有很多区别，但是财务离不开会计，会计脱离不了财务，企业的发展需协调平衡二者之间的关系，促进财务和会计工作顺利进行。

1.2 财务报表概述全知道

说起财务会计，离不了企业财务报表，财务报表是什么？企业编制财务报表需要注意的法律依据和规则有哪些？学会读懂财务报表能为我们带来什么好处？本章节将一一揭晓这些疑问的答案。

1.2.1　什么是财务报表

财务报表是反映企业在一定时期内资金与利润状况的会计报表，是企业资金周转、盈利能力和股东权益的集中表现。在日常使用中主要包括企业的资产负债表、利润表、现金流量表、所有者权益变动表及报表附注几大部分。

财务报表依据不同的分类标准，可以分为不同种类，主要如表1-1所示。

表 1-1　不同依据下的财报种类

分类依据	种类
编报的时间	月报——以一个自然月为周期编制的报表；季报——以一个季度为周期编制的报表；年报——以一个年度为周期的报表
编制单位	单位报表——独立核算的基层单位编制的财务报表，是用以反映本单位财务状况和经营成果的报表；汇总报表——上级和主管部门将本身的财务报表与其所属单位报送的基层报表汇总编制而成的财务报表
编报的会计主体	个别报表——在以母公司和子公司组成的具有控股关系的企业集团中，由母公司和子公司各自为主体分别单独编制的报表，用以分别反映母公司和子公司本身各自的财务状况、经营成果和现金流量情况；合并报表——母公司和子公司组成的企业集团为一个会计主体，以母公司和子公司单独编制的个别财务报表为基础，由母公司编制的综合反映企业集团经营成果、财务状况及其资金变动情况的财务报表

1.2.2　编制财务报表的法律政策和要求

企业财务报表的编制不是随心所欲的，是要遵循一定的法律规章制度和特定的编制要求的，本节将对相关法律政策及要求进行探讨。

1. 会计法

《中华人民共和国会计法》是为了规范会计行为，保证会计资料真实、完整，加强经济管理和财务管理，提高经济效益，维护社会主义市场经济秩序而制定的法律。它是企业会计核算的重要法律，规范了企业会计核算的基本要求，经济活动的会计手续要求，会计核算的年度要求，记账本位币，会计凭证、会计账簿、财务会计报告和其他会计资料的规范要求等。

2. 会计准则

会计准则是会计人员从事会计工作必须遵循的基本原则，是会计核算工作的规范。它是指就经济业务的具体会计处理做出规定，以指导和规范企业的会计核算，保证会计信息的质量，是对企业会计信息质量、资产、负债、净资产、财务报表等做出规范化要求的文件。会计准则会随着发展不断更新修正，企业会计人员要不断加强学习，了解其变化发展，将其合理运用于工作中。

3. 编制财务报表的要求

◆ 数字真实

财务报告中的各项数据必须真实可靠，如实地反映企业的财务状况、经营成果和现金流量，不得提供虚假数据信息，或出具不符合事实依据的财务报表，这是对会计信息质量的基本要求。

◆ 内容完整

财务报表应当反映企业经济活动的全貌，从企业的各个方面反映企业的财务状况和经营成果，才能满足各方面对会计信息的需要。凡是国家相关法律法规要求提供的财务报表，各个企业都必须全部编制并报送，不得漏编漏报。凡是国家统一要求披露的信息，都必须披露。

◆ 计算准确

日常的会计核算和财务报表的编制离不开的就是数字计算，数字计算要求计算的精度与准度，这样才能保证出具的财务数据真实可靠，这就要求在编制财务报表的过程中要以核对无误后的账簿记录和其他有关资料为依据，不能使用估计或推算的数据，更不能以任何方式弄虚作假，玩数字游戏或隐瞒谎报。

◆ 报送及时

及时性是信息的重要特征，财务报表信息只有及时地传递给信息使用者，才能为使用者的决策提供依据，发挥其重要的价值，否则，即使是真实可靠和内容完整的财务报告，由于编制和报送不及时，对报告使用者来说，也会大大降低会计信息的使用价值。

◆ 手续完备

企业对外提供的财务报表应加具封面、装订成册、加盖公章。财务报表封面上应当注明企业名称、企业统一代码、组织形式、地址、报表所属年度或者月份及报出日期，并由企业负责人和主管会计工作的负责人、会计机构负责人（会计主管人员）签名并盖章；设置总会计师的企业，还应当由总会计师签名并盖章。

由于编制财务报表的直接依据是会计账簿，所有报表的数据都来源于会计账簿，因此为保证财务报表数据的正确性，编制报表之前必须做好对账和结账工作，做到账证相符、账账相符、账实相符以保证报表数据的真实准确。

1.2.3 会计要素与会计恒等式

会计要素是对会计对象所作的基本分类，是会计核算对象的具体化，是会计核算和监督的具体对象和内容，是构成会计对象具体内容的主要因素，也是构成会计报表的基本要素。会计恒等式是各个会计要素在总额上必须相等的一种关系式，揭示了各会计要素之间的联系，是复式记账、编制会计报表的理论依据。这是日常会计核算中接触的会计要素及会计恒等式的概念，下面将对会计要素及会计恒等式做具体讲解。

1. 会计要素

在《企业会计准则》中，规定了六大会计要素，分别是资产、负债、所有者权益（股东权益）、收入、费用（成本）和利润。在这六大会计要素中，资产、负债和所有者权益3项会计要素侧重反映企业的财务状况，是构成企业资产负债表的要素；收入、费用和利润3项会计要素侧重反映企业的经营成果，是构成企业利润表的要素。会计要素是会计基本理论研究的基石，更是会计准则建设的核心。

◆ **资产**：是企业经营活动的重要项目，也是构成企业财务报表中资产负债表的重要会计要素，依其流动性强弱可以分为流动资产和非流动资产，是会计核算的重要内容。

◆ **负债**：企业的经营总会伴随着负债的出现，简单来说，就好比一个人除了自己挣钱后掌握在手中的资产，相对地也许会为某事向外借钱，这就形成了负债。对于企业而言，购买了原材料未支付货款这是负债，应付员工的工资未发也是负债。在财务报表中，负债的指标核算对企业的经营同样重要。

◆ **所有者权益**：是企业资产扣除负债以后，企业的所有者享有的剩余权益。企业的所有者包括企业的股东，其享有的所有者权益的来源包括投入的股本，也就是企业的实收资本，以及企业的留存收益等。

注：负债和所有者权益构成了企业资本的来源。

◆ **收入**：一个企业要正常运转，必须有收入来源。就好比一个人要生存，必须有收入进账，才可弥补支出。对于企业而言，收入有不同的类型，日常活动性质不同，会有销售商品收入，提供劳务收入，工程建造收入等分类，而通常在企业利润表中体现的，是依照企业从事的经营活动的重要性来对主营业务收入和其他业务收入进行核算。

◆ **费用**：是企业为获得收入而付出的相应"代价"。例如，一个生产电缆线的企业，为生产电缆线而购买原材料铝绞线的花费就是企业为获得卖出电缆线所得收入而付出的费用，当然人工成本等都算费用。

◆ **利润**：简单来说，利润就是企业赚钱或者亏本了，其收入（包括其利得）扣除付出的费用（包括损失），剩余的部分就是企业的利润，如果其数值为正数，则说明企业赚钱了，如果数值为负数，则亏损。

以上为六大会计要素的含义，我们不禁会问，为什么要区分这六大会计要素？其在会计核算中有何作用呢？

会计要素是对会计对象的科学分类，我们都知道，企业经营活动中，会计对象不是单一的，其内容是复杂多变的，因而为了科学系统地反映和监督会计对象，必须对错综复杂的会计对象进行分类，并以此分类设置企业的会计账簿，实现会计职能。

会计要素是设置会计科目的依据，会计的核算必须要有相对应的会计科目。例如，收入现金需要利用"库存现金"科目进行反映。平常所使用的会计科目都是依据会计六大要素进行设置的，如果没有设置会计科目，则无法准确进行会计核算。

会计要素构成了会计报表的基本框架。会计报表是提供会计信息的基本手段，它可以提供一系列指标，这些指标主要由会计要素构成，从这个意义上来讲，会计要素为设计会计报表奠定了基础。

2. 会计恒等式

会计恒等式具有四大前提（即假设），是在编制财务报表的过程中必须遵循的，这四大前提主要是主体明确、持续经营、会计分期和货币计量，具体如下。

◆ 主体明确

这是会计恒等式的第一大前提，试想，在进行核算时，连主体是谁都不明确，何谈核算经营，到底给谁记账，必须要明确。日常经营中，公司是公司，个人是个人，经济责任一定要划分清楚，不可混为一谈。经济社会中，许多私营企业或独资企业经常发生用公司的钱办自己的事，这是不可取的。

比如，有两人合开的公司是卖显示器的，共购进了 200 台显示器，每台1 000 元，也就是说资产有 20 万元，但假如公司破产，就没有核算的必要了。

◆ 持续经营

会计还有一个假设前提，就是会计主体是持续经营的，企业的经营必须是持续的时间段，如果出现断层，何谈会计核算。只有持续经营，才能确认投出的钱赚回来可以偿还债务，最后才能核算出是否盈利。

◆ 会计分期

会计的第 3 个前提是会计分期。企业在编制报表时，为了定期给使用者提供财务信息，就把连续的经营期间划分为无数段。一般分为年、季、月。会计分期对于企业有利益关系的单位和个人定期编制报表是非常重要的。当然，会计分期只是一种人为的划分，与企业业务周期不同，有的业务周期不到一个会计周期，而有的相当于几个会计周期。

◆ 货币计量

最后一个前提是货币计量。一般而言，物品都有其计量单位，好比电脑使用"台"计量，会计核算使用会计恒等式也同样需要统一的计量单位。在计量上我们通常采用历史成本计价，即资产买入时所用的资金，如去年买的电脑用了 8 000 元，今年只值 5 000 元，但在账面上还是记 8 000 元，另外还要假设币值稳定，外币均要进行折算。

在满足上述四大前提的同时，还需要考虑如下原则。

◆ 权责发生制

权责发生制是会计原则中最重要的原则之一，国内的企业单位一般都采用权责发生制，只有事业单位及政府机关一般使用收付实现制。权责发生制就是指我们卖出产品时，即使购买方要下月或者更延后支付相关货款，但是我们在记账时仍然要将其确认为本月收入。

同理，对于发生的费用，无论是否支付，都应按其影响情况，确认其归属期。一句话，只要经济业务发生在本期，对应确认为本期收入或费用的就要计入本期，但是费用的严格执行存在诸多局限，发生与相关业务人员报销的延迟性费用导致很难真正意义上实现本期归本期。

◆ 历史成本原则

历史成本原则，即无论以后货币是否增值或者贬值，资产购买时的花费是多少，账上入账价值就是多少，不会改变，即不考虑货币的时间价值，资产的入账价值就是买入价。

介绍完会计核算相关原则，接下来我们再来看看编制财务报表与会计核算中经常使用的会计等式，这是企业编制财务报表的灵魂。

等式一：资产 = 负债 + 所有者权益

此会计恒等式是会计记账和会计核算的基础，也是编制资产负债表的基础。资产的变动可能会是负债和所有者权益变动共同引起的，负债和所有者权益增加，则资产总额相应增加，同理，负债和所有者权益都减少，则其资产总额减少。

【实账处理】——"资产 = 负债 + 所有者权益"会计恒等式运用

甲公司采用权责发生制进行会计核算，2018 年 5 月资产负债表日，该公司最后体现的负债总额为 200 万元，所有者权益为 500 万元；2018 年 6 月其负债增加 50 万元，所有者权益减少 100 万元，则甲公司 2018 年 5 月和 2018 年 6 月的资产总额是多少？

2018 年 5 月甲公司的资产总额，根据"资产＝负债＋所有者权益"等式可得：

资产总额 =200+500=700（万元）

2018 年 6 月资产总额为：

负债总额 =200+50=250（万元）

所有者权益总额 =500-100=400（万元）

资产总额 =250+400=650（万元）

可以看出所有者权益减少的变动幅度大于负债，最终引起资产的减少；同理，若负债或所有者权益中任何一方的增长大于其减少幅度，会引起资产增加。

等式二：收入－费用＝利润（或亏损）

企业的经营目标就是赚钱，只有取得的收入抵消为这笔收入所花的费用还有剩余，企业才算是盈利了，如果其抵消后的余额为负数，则表明企业亏损了。该恒等式是企业编制利润表的基础。

【实账处理】——"收入－费用＝利润"会计恒等式运用

乙公司采用权责发生制进行会计核算，2018 年 5 月取得主营业务收入 100 万元，各项费用支出 75 万元，问：乙公司 2018 年 5 月的利润为多少？

2018 年 5 月乙公司的利润总额根据"收入－费用＝利润"等式可得：

利润 =100-70=30（万元）

1.2.4 阅读分析财务报表小窍门

一直在讲企业财务报表，我们不仅仅需要知道财务报表是什么。就算不是专业的财务会计人员，我们也还要懂得怎么阅读分析财务报表。企业财务报表虽然是企业财务情况的集中反映，但其种类较多，并且报表上数字信息较复杂，那么，在阅读报表时怎样才能用最少的时间获取自己所需的信息呢？主要掌握如下的小窍门。

- ◆ 了解企业资产情况——资产负债表资产栏。
- ◆ 了解企业负债情况——资产负债表负债栏。
- ◆ 了解企业净资产——资产负债表所有者权益栏。
- ◆ 了解收入——利润表。
- ◆ 了解成本——利润表。
- ◆ 所得税情况——利润表。
- ◆ 营业外收支情况——利润表。
- ◆ 利润分配情况——利润表。
- ◆ 现金流入（出）情况——现金流量表。

财务报表分析不是一种固定程序的工作，不存在唯一的通用分析程序，而是一个研究和探索的过程。但实际进行财务报表分析时会按以下程序进行。

①**明确分析目标，确定分析方案**。明确分析目标是财务报表分析的灵魂，分析过程中始终是围绕着分析目标而进行。分析目标确定之后，就应当根据分析目标确定分析的内容和范围，明确分析的重点内容，分清主次和难易，并据此制订分析工作的方案。

②**收集数据资料**。收集数据资料是保障分析质量和分析工作顺利进行的基础性程序。一般来说，收集资料是根据已经确定的分析范围收集所需要的资料，即在分析的技术性工作开始之前就应占有主要资料。

③**核实并整理信息资料**。核实资料是分析的一个重要环节，其目的是保证资料的真实、可靠和准确无误；整理资料就是分析人员根据分析目的进行资料选择和修正，使之变得易于理解和使用，以便提高报表分析工作的效率。

④**选择适当的分析方法进行分析**。分析方法的恰当与否，对分析的结果和分析的质量有重要影响。一般应根据分析的目标、内容选用适宜的方法。在分析过程中，对各项数据和原因要做出判断，整个分析过程就是判断过程。

分析结束后，要对分析对象做出中肯评价，评价态度要鲜明，切忌模棱两可。

⑤**撰写分析报告**。分析报告要对分析目的做出明确回答，评价要客观、全面、准确，要做必要的分析，说明评价的依据。分析报告不仅要表达最终的结论，还应包括分析的过程。此外，分析报告中还应包括分析人员针对分析过程中发现的矛盾和问题所提出的改进措施或建议。如果能对今后的发展提出预测性意见，则分析报告具有更大的价值。

1.2.5　常用经典财务报表

财务会计经常接触不同的财务报表，但我们见到的财务报表不是每个企业单位都是一样的，遵循不同的会计准则，使用的会计报表就有所不同。先来学习了解一下不同会计准则下常用的财务报表报送类型吧。

如图 1-2 所示的一系列报表，这些是适用于企业会计准则的资产负债表、利润表、现金流量表和所有者权益变动表的基本表格样式。

资产负债表

会企 01 表

编制单位：　　　　　　　　　　　　年　月　日　　　　　　　　　　　　单位：元

资产	期末余额	年初余额	负债和所有者权益（或股东权益）	期末余额	年初余额
流动资产：			流动负债：		
货币资金			短期借款		
交易性金融资产			交易性金融负债		
衍生金融资产			衍生金融负债		
应收票据及应收账款			应付票据及应付账款		
预付款项			预收款项		
其他应收款			合同负债		
存货			应付职工薪酬		
合同资产			应交税费		
持有待售资产			其他应付款		
一年内到期的非流动资产			持有待售负债		
其他流动资产			一年内到期的非流动负债		
流动资产合计			其他流动负债		
非流动资产：			流动负债合计		
债权投资			非流动负债：		
其他债权投资			长期借款		
长期应收款			应付债券		
长期股权投资			其中：优先股		
其他权益工具投资			永续债		
其他非流动金融资产			长期应付款		
投资性房地产			预计负债		
固定资产			递延收益		
在建工程			递延所得税负债		
生产性生物资产			其他非流动负债		
油气资产			非流动负债合计		
无形资产			负债合计		
开发支出			所有者权益（或股东权益）：		
商誉			实收资本（或股本）		
长期待摊费用			其他权益工具		
递延所得税资产			其中：优先股		
其他非流动资产			永续债		
非流动资产合计			资本公积		
			减：库存股		
			其他综合收益		
			盈余公积		
			未分配利润		
			所有者权益（或股东权益）合计		
资产总计			负债和所有者权益（或股东权益）总计		

（适用于已执行新金融准则和新收入准则的企业）

利润表

会企 02 表

编制单位：　　　　　　年　月　　　　　　　　　单位：元

项目	本期金额	上期金额
一、营业收入		
减：营业成本		
税金及附加		
销售费用		
管理费用		
研发费用		
财务费用		
其中：利息费用		
利息收入		
资产减值损失		
信用减值损失		
加：其他收益		
投资收益（损失以"-"号填列）		
其中：对联营企业和合营企业的投资收益		
净敞口套期收益（损失以"-"号填列）		
公允价值变动收益（损失以"-"号填列）		
资产处置收益（损失以"-"号填列）		
二、营业利润（亏损以"-"号填列）		
加：营业外收入		
减：营业外支出		
三、利润总额（亏损总额以"-"号填列）		
减：所得税费用		
四、净利润（净亏损以"-"号填列）		
（一）持续经营净利润（净亏损以"-"号填列）		
（二）终止经营净利润（净亏损以"-"号填列）		
五、其他综合收益的税后净额		
（一）不能重分类进损益的其他综合收益		
1.重新计量设定受益计划变动额		
2.权益法下不能转损益的其他综合收益		
3.其他权益工具投资公允价值变动		
4.企业自身信用风险公允价值变动		
……		
（二）将重分类进损益的其他综合收益		
1.权益法下可转损益的其他综合收益		
2.其他债权投资公允价值变动		
3.金融资产重分类计入其他综合收益的金额		
4.其他债权投资信用减值准备		
5.现金流量套期储备		
6.外币财务报表折算差额		

（适用于已执行新金融准则和新收入准则的企业）

现金流量表

会企 03 表

编制单位：　　　　　　年　月　　　　　　　　　单位：元

项目	本月金额	本年累计金额
一、经营活动产生的现金流量：		
销售商品、提供劳务收到的现金		
收到的税费返还		
收到其他与经营活动有关的现金		
经营活动现金流入小计		
购买商品、接受劳务支付的现金		
支付给职工以及为职工支付的现金		
支付的各项税费		
支付其他与经营活动有关的现金		
经营活动现金流出小计		
经营活动产生的现金流量净额		
二、投资活动产生的现金流量：		
收回投资收到的现金		
取得投资收益收到的现金		
处置固定资产、无形资产和其他长期资产收回的现金净额		
处置子公司及其他营业单位收到的现金净额		
收到其他与投资活动有关的现金		
投资活动现金流入小计		
购建固定资产、无形资产和其他长期资产支付的现金		
投资支付的现金		
取得子公司及其他营业单位支付的现金净额		
支付其他与投资活动有关的现金		
投资活动现金流出小计		
投资活动产生的现金流量净额		
三、筹资活动产生的现金流量：		
吸收投资收到的现金		
取得借款收到的现金		
收到其他与筹资活动有关的现金		
筹资活动现金流入小计		
偿还债务支付的现金		
分配股利、利润或偿付利息支付的现金		
支付其他与筹资活动有关的现金		

所有者权益变动表

会企04表

编制单位： 　　　　年度　　　　　　　　　　　　　　　　　　　　　　　　　　　　　　　　　　　　　　　金额单位：元

项目	本年金额									上年金额								
	实收资本（或股本）	其他权益工具			资本公积	减：库存股	其他综合收益	盈余公积	未分配利润	所有者权益合计	实收资本（或股本）	其他权益工具			资本公积	减：库存股	其他综合收益	盈余公积	未分配利润	所有者权益合计
		优先股	永续债	其他								优先股	永续债	其他						
一、上年年末余额																				
加：会计政策变更																				
前期差错更正																				
其他																				
二、本年年初余额																				
三、本期增减变动金额（减少以"-"号填列）																				
（一）综合收益总额																				
（二）所有者投入和减少资本																				
1.所有者投入的普通股																				
2.其他权益工具持有者投入资本																				
3.股份支付计入所有者权益的金额																				
4.其他																				
（三）利润分配																				
1.提取盈余公积																				
2.对所有者（或股东）的分配																				
3.其他																				
（四）所有者权益内部结转																				
1.资本公积转增资本（或股本）																				
2.盈余公积转增资本（或股本）																				
3.盈余公积弥补亏损																				
4.设定受益计划变动额结转留存收益																				
5.其他综合收益结转留存收益																				
6.其他																				
四、本年年末余额																				

（适用于已执行新金融准则和新收入准则的企业）

图1-2　企业会计准则下的财务报表

除了常用的企业会计准则，还有小企业会计准则，而小企业会计准则下的财务报表一般包括资产负债表、利润表和现金流量表，如图1-3所示。

资产负债表

会小企01表

编制单位： 　　　　　年　　月　　　　　　　　　　　　　　　　　　　　　　　　　　　　　　单位：元

资　产	行次	期末余额	年初余额	负债和所有者权益	行次	期末余额	年初余额
流动资产：				**流动负债：**			
货币资金	1			短期借款	31		
短期投资	2			应付票据	32		
应收票据	3			应付账款	33		
应收账款	4			预收账款	34		
预付账款	5			应付职工薪酬	35		
应收股利	6			应交税费	36		
应收利息	7			应付利息	37		
其他应收款	8			应付利润	38		
存货	9			其他应付款	39		
其中：原材料	10			其他流动负债	40		
在产品	11			流动负债合计	41		
库存商品	12			**非流动负债：**			
周转材料	13			长期借款	42		
其他流动资产	14			长期应付款	43		
流动资产合计	15			递延收益	44		
非流动资产：				其他非流动负债	45		
长期债券投资	16			**非流动负债合计**	46		
长期股权投资	17			**负债合计**	47		
固定资产原价	18						
减：累计折旧	19						
固定资产账面价值	20						
在建工程	21						
工程物资	22						
固定资产清理	23						
生产性生物资产	24			**所有者权益（或股东权益）：**			
无形资产	25			实收资本（或股本）	48		
开发支出	26			资本公积	49		
长期待摊费用	27			盈余公积	50		
其他非流动资产	28			未分配利润	51		
非流动资产合计	29			**所有者权益（或股东权益）合计**	52		
资产总计	30			**负债和所有者权益（或股东权益）总计**	53		

利润表

会小企02表

项　目	行次	本年累计金额	本月金额
一、营业收入	1		
减：营业成本	2		
税金及附加	3		
其中：消费税	4		
城市维护建设税	5		
资源税	6		
土地增值税	7		
城镇土地使用税、房产税、车船税、印花税	8		
教育费附加、矿产资源补偿费、排污费	9		
销售费用	10		
其中：商品维修费	11		
广告费和业务宣传费	12		
管理费用	13		
其中：开办费	14		
业务招待费	15		
研究费用	16		
财务费用	17		
其中：利息费用（收入以"－"号填列）	18		
加：投资收益（损失以"－"号填列）	19		
二、营业利润（亏损以"－"号填列）	20		
加：营业外收入	21		
其中：政府补助	22		
减：营业外支出	23		
其中：坏账损失	24		
无法收回的长期债券投资损失	25		
无法收回的长期股权投资损失	26		
自然灾害等不可抗力因素造成的损失	27		
税收滞纳金	28		
三、利润总额（亏损总额以"－"号填列）	29		
减：所得税费用	30		
四、净利润（净亏损以"－"号填列）	31		

现金流量表

会小企03表

编制单位：　　　　　　　年　　月　　　　　　　　　　　单位：元

项　目	行次	本年累计金额	本月金额
一、经营活动产生的现金流量：			
销售产成品、商品、提供劳务收到的现金	1		
收到其他与经营活动有关的现金	2		
购买原材料、商品、接受劳务支付的现金	3		
支付的职工薪酬	4		
支付的税费	5		
支付其他与经营活动有关的现金	6		
经营活动产生的现金流量净额	7		
二、投资活动产生的现金流量：			
收回短期投资、长期债券投资和长期股权投资收到的现金	8		
取得投资收益收到的现金	9		
处置固定资产、无形资产和其他非流动资产收回的现金净额	10		
短期投资、长期债券投资和长期股权投资支付的现金	11		
购建固定资产、无形资产和其他非流动资产支付的现金	12		
投资活动产生的现金流量净额	13		
三、筹资活动产生的现金流量：			
取得借款收到的现金	14		
吸收投资者投资收到的现金	15		
偿还借款本金支付的现金	16		
偿还借款利息支付的现金	17		
分配利润支付的现金	18		
筹资活动产生的现金流量净额	19		
四、现金净增加额	20		
加：期初现金余额	21		
五、期末现金余额	22		

图 1-3　小企业会计制度下的财务报表

事业单位的财务报表又有所区别和变化，主要包括资产负债表、收入支出表和财政补助收入支出表，如图 1-4 所示。

资 产 负 债 表

编制单位：×××　　　　　　　　　　　　　　　　　×年×月　　　　　　　　　　　　　　单位：元

资　产	期末余额	年初余额	负债及所有者权益	期末余额	年初余额
流动资产：			**流动负债：**		
货币资金			短期借款		
短期投资			应交税费		
财政应返还额度			应缴国库款		
应收票据			应缴财政专户款		
应收账款			应付职工薪酬		
预付账款			应付票据		
其他应收款			应付账款		
存货			预收账款		
其他流动资产			其他应付款		
流动资产合计			其他流动负债		
非流动资产：			**流动负债合计**		
长期投资			**非流动负债：**		
固定资产			长期借款		
固定资产原值			长期应付款		
减：累计折旧			非流动负债合计		
无形资产			**负债合计**		
无形资产原值			**净资产：**		
减：累计摊销			事业基金		
待处理资产损益			非流动资产基金		
非流动资产合计			专用基金		
			财政补助结转		
			非财政补助结转		
			非财政补助结余		
			1.事业结余		
			2.经营结余		
			净资产合计		
资产总计			**负债和净资产总计**		

收入支出表

收入			支出			结余		
项目	本月数	累计数	项目	本月数	累计数	项目	本月数	累计数
财政补助收入			拨出经费			事业节余		
上级补助收入			上缴上级支出			1.正常收支节余		
附属单位收入			对附属单位补助			2.收回以前年度事业支出		
事业收入			事业支出					
其中：预算外资金收入			其中：财政补助支出					
其他收入			预算外资金支出					
			销售税金					
			节转自筹基建					
小计			小计					
经营收入			经营支出			经营节余		
			销售税金			以前年度经营亏损		
小计			小计					
拨入专款			拨出专款			结余分配		
其中：财政补助专项收入			专款支出			1.应缴所得税		
上级补助专项收入						2.提取专用基金		
预算外专项收入						其中：职工福利基金		
						医疗基金		
						修购基金		
						住房基金		
小计			小计			3.转入事业基金		
总计			总计			4.其他		

财政补助收入支出表

编制单位：　　　　　　　　　年度：　　　　　　　　单位：元

项目	本年数	上年数
一、年初财政补助结转结余		
（一）基本支出结构		
1.人员经费		
2.日常公用经费		
（二）项目支出结构		
××项目		
（三）项目支出结余		
二、调整年初财政补助结转结余		
（一）基本支出结构		
1.人员经费		
2.日常公用经费		
（二）项目支出结构		
××项目		
（三）项目支出结余		
三、本年归集调入财政补助结转结余		
（一）基本支出结构		
1.人员经费		
2.日常公用经费		
（二）项目支出结构		
××项目		
（三）项目支出结余		
四、本年上缴财政补助结转结余		
（一）基本支出结构		
1.人员经费		
2.日常公用经费		
（二）项目支出结构		
××项目		
（三）项目支出结余		
五、本年财政补助收入		
（一）基本支出		
1.人员经费		
2.日常公用经费		
（二）项目支出		
××项目		
六、本年财政补助支出		
（一）基本支出		
1.人员经费		
2.日常公用经费		
（二）项目支出		
××项目		
七、年末财政补助结转结余		
（一）基本支出结构		
1.人员经费		
2.日常公用经费		
（二）项目支出结构		
××项目		
（三）项目支出结余		

图1-4　事业单位会计制度财务报表

1.2.6　学会看财报带来的好处

财务报表是企业状况的集中反映，那么学会看财务报表，对于我们而言有没有什么好处与意义呢？答案是毋庸置疑的，学会看财务报表，带来的好处主要体现在以下几个方面。

财务报表是系统揭示企业一定时期的财务状况、经营成果和现金流量的表格，学会看财务报表有利于经营管理人员了解本单位各项任务指标的完成情况，评价管理人员的经营业绩，以便及时发现问题，调整经营方向，制定措施改善经营管理水平，提高经济效益，为经济预测和决策提供依据。

学会看财务报表，可以了解并读懂国家的方针政策，因为企业是市场经济重要的一员，国家经济管理部门在了解国民经济的运行状况时，是通过对各单位提供的财务报表资料进行汇总和分析，进而了解和掌握各行业、各地区的经济发展情况，以便宏观调控经济运行，优化资源配置，保证国民经济稳定持续发展。所以学会看财务报表，可以从不同行业和不同区域的企业财务报表深层次了解和分析国家政策，进而把握市场机遇。

学会看财务报表，有利于做出正确的投资选择，不管作为投资者还是债权者，都希望遇到一家好的企业，而评判企业好坏可以从企业的财务报表中窥探一二，企业的财务报表可以帮助投资者、债权人和其他有关各方掌握企业的财务状况、经营成果和现金流量情况，进而分析企业的盈利能力、偿债能力、投资收益、发展前景等，为他们投资、贷款和贸易提供决策依据。

学会看财务报表，可以帮助我们了解企业的规范性经营状况，企业是否违反法律规定，是否存在偷税漏税的行为，在企业提供的财务报表中都是可以有简单了解的，财政、税务、工商、审计等部门就是通过企业报送的财务报表监督企业经营管理，通过财务报表可以检查、监督各企业是否遵守国家的各项法律、法规和制度，有无偷税漏税的行为，其实我们只要学会了报表中的逻辑关系，其中的玄机我们也可以解读到。

1.3
财务报表基本的组成要素有哪些

财务报表不是空洞的纯理论，是由数据丰富的资产负债表、利润表、现金流量表、所有者权益变动表和财务报表附注组成，本章节将对企业会计准则下的财务报表的各组成要素进行简要阐述。

1.3.1　资产负债表

资产负债表是财务报表的第一张表，是财务报表的基础，是反应整体财务状况的表格，是企业资产、负债和所有者权益状况的集中反映。如图 1-5 所示。

资 产 负 债 表

编制单位：××公司　　　　　　　　　　　　　　×年×月　　　　　　　　　　　　　　会企01表
单位：元

资　　产	期末余额	年初余额	负债及所有者权益	期末余额	年初余额
流动资产：			流动负债		
货币资金	297,816.65	1,417,596.51	短期借款	–	–
衍生金融资产	–	–	衍生金融负债	–	–
应收票据及应收账款	7,805.33	–	应付票据及应付账款	576,632.67	–
预付款项	552,000.00	–	预收账款	69,258.86	1,000.00
其他应收款	18,906.73	–	应付职工薪酬	12,458.36	–
存货	1,310,132.53	–	应交税费	-142,910.99	-30,222.22
持有待售的资产	–	–	其他应付款	9,410,686.19	-3,001.99
一年内到期的非流动资产	–	–	持有待售的负债	–	–
其他流动资产	–	–	一年内到期的非流动负债	–	–
			其他流动负债		
流动资产合计	2,186,661.24	1,417,596.51	流动负债合计	9,926,125.09	-32,224.21
非流动资产：			非流动负债：		
可供出售金融资产	–		长期借款	–	
持有至到期投资	–		应付债券	–	
长期应收款	–		长期应付款	–	
长期股权投资	–		预计负债	–	
投资性房地产	–		递延收益	–	
固定资产	1,788,249.50	117,224.84	递延所得税负债	–	
在建工程	24,635.34	1,233,677.78	其他非流动负债	–	
生产性生物资产	–		非流动负债合计		
油气资产	–		负债合计	9,926,125.09	-32,224.21
无形资产	8,211,280.00	–	所有者权益（或股东权益）：		
开发支出	–		实收资本（或股本）	3,000,000.00	3,000,000.00
商誉	–		其他权益工具	–	
长期待摊费用	90,383.22	–	资本公积	–	
递延所得税资产	–		其他综合收益	–	
其他非流动资产	–		盈余公积	–	
			未分配利润	-624,915.79	-199,276.66
非流动资产合计	10,114,548.06	1,350,902.62	所有者权益合计	2,375,084.21	2,800,723.34
资产总计	12,301,209.30	2,768,499.13	负债和所有者权益总计	12,301,209.30	2,768,499.13

图 1-5　资产负债表

上图所示是常用的资产负债表的格式，在此只做大致了解，后面章节会进行更详细的阐述。

1.3.2　利润表

利润表是企业盈利能力和盈利水平的反映，是企业经营收入与支出的集中体现，可以为读者提供企业一定时间内的盈利收入水平的信息，如图 1-6 所示为常用利润表格式。

利　润　表

会企02表
编制单位：××公司
单位：元

项　　　目	本期数	本年累计
一、营业收入	963,144.03	5,964,145.39
减：营业成本	885,938.37	4,684,426.24
税金及附加	2,931.55	2,931.55
营业费用	141,139.11	412,299.25
管理费用	56,688.79	248,447.18
研发费用		
财务费用	889,114.32	900,375.95
其中：利息费用	889,114.32	900,375.95
利息收入	–	
资产减值损失	–	
加：其他收益	–	
投资收益（损失以"-"号填列）	–	
其中：对联营企业和合营企业的投资收益	–	
公允价值变动收益（损失以"-"号填列）	–	
资产处置收益（损失"-"号填列）	–	
二、营业利润（亏损以"-"号填列）	-1,012,668.11	-284,334.78
加：营业外收入		664.10
减：营业外支出	117,224.84	120,428.89
三、利润总额（亏损总额以"-"号填列）	-1,129,892.95	-404,099.57
减：所得税费用		21,539.56
四、净利润（净亏损以"-"号填列）	-1,129,892.95	-425,639.13
（一）持续经营净利润(净亏损以"-"号填列)	-1,129,892.95	-425,639.13
（二）终止经营净利润(净亏损以"-"号填列)		
五、其他综合收益的税后净额		
（一）以后不能重分类进损益的其他综合收益		
1.重新计量设定受益计划净负债或净资产的变动		
2.权益法下不能转损益的其他综合收益		
……		
（二）以后将重分类进损益的其他综合收益		
1.权益法下可转损益的其他综合收益		
2.可供出售金融资产公允价值变动损益		
3.持有至到期投资重分类为可供出售金融资产损益		
4.现金流量套期损益的有效部分		
5.外币财务报表折算差额		
……		
六、综合收益总额		-
七、每股收益：		-
（一）基本每股收益		-
（二）稀释每股收益		-

图 1-6　利润表

1.3.3　现金流量表

企业的资金流向及资金净流量都集中体现在企业的现金流量表中，报表的阅读者通过企业的现金流量表，可以了解企业的资金流动方向，预判企业未来资金情况。如图 1-7 所示为现金流量表基本样式。

现金流量表

编制单位：××公司   ××年×月   会企03表
单位：元

项　目	行次	本期数
一、经营活动产生的现金流量：		
销售商品、提供劳务收到的现金	1	1,115,459.33
收到的税费返还	2	
收到其他与经营活动有关的现金	3	504.17
经营活动现金流入小计		1,115,963.50
购买商品、接受劳务支付的现金	4	1,326,279.93
支付给职工以及为职工支付的现金	5	40,151.91
支付的各项税费	6	18.05
支付其他与经营活动有关的现金	7	16,961.20
经营活动现金流出小计		1,383,411.09
经营活动产生的现金流量净额		-267,447.59
二、投资活动产生的现金流量：		
收回投资收到的现金	8	
取得投资收益收到的现金	9	
处置固定资产、无形资产和其他长期资产收回的现金净额	10	
处置子公司及其他营业单位收到的现金净额	11	
收到其他与投资活动有关的现金	12	
投资活动现金流入小计		-
购建固定资产、无形资产和其他长期资产支付的现金净额	13	-
投资支付的现金	14	
取得子公司及其他营业单位支付的现金净额	15	
支付其他与投资活动有关的现金	16	
投资活动现金流出小计		-
投资活动产生的现金流量净额		-
三、筹资活动产生的现金流量：		
吸收投资收到的现金	17	
取得借款收到的现金	18	
收到其他与筹资活动有关的现金	19	
筹资活动现金流入小计		-
偿还债务支付的现金	20	
分配股利、利润或偿付利息支付的现金	21	
支付其他与筹资活动有关的现金	22	
筹资活动现金流出小计		-
筹资活动产生的现金流量净额		-
四、汇率变动对现金及现金等价物的影响	23	
五、现金及现金等价物净增加额	24	-267,447.59
加：期初现金及现金等价物余额	25	565,264.24
六、期末现金及现金等价物余额	26	297,816.65

图 1-7　现金流量表

1.3.4　所有者权益变动表

所有者权益变动表是企业所有者权益分配的体现，关系着企业自身发展过程中的权益变化，对于企业股东和投资者具有重要的作用，如图 1-8 所示为所有者权益变动表样式。

所有者权益变动表

编制单位：××公司　　　　　　　　　　　　　××年×月　　　　　　　　　　　　金额单位：元

项目	实收资本（或股本）	其他权益工具			资本公积	减:库存股	其他综合收益	专项储备	盈余公积	未分配利润	所有者权益合计
		优先股	永续债	其他							
一、上年末余额	3,000,000.00				0.00	0.00	0.00	0.00	0.00	-624,915.79	2,375,084.21
加：会计政策变更											0.00
前期差错更正											0.00
其他											0.00
二、本年期初余额	3,000,000.00				0.00	0.00	0.00		0.00	-624,915.79	2,375,084.21
三、本期增减变动金额（减少以"-"号填列	0.00				0.00	0.00	0.00			285,631.11	285,631.11
（一）综合收益总额										285,631.11	285,631.11
（二）所有者投入和减少资本	0.00				0.00	0.00	0.00	0.00	0.00	0.00	0.00
1.所有者投入的普通股											0.00
2.其他权益工具持有者投入资本											0.00
3.股份支付计入所有者权益的金额											0.00
4.其他	0.00				0.00	0.00	0.00	0.00			0.00
（三）利润分配											0.00
1.提取盈余公积									0.00		0.00
2.对所有者（或股东）的分配										0.00	0.00
3.其他										0.00	0.00
（四）所有者权益内部结转	0.00				0.00	0.00	0.00		0.00	0.00	0.00
1.资本公积转增资本（或股本）											0.00
2.盈余公积转增资本（或股本）											0.00
3.盈余公积弥补亏损											0.00
4.设定受益计划变动额结转留存收益											0.00
（五）专项储备											0.00
1.本年提取	0.00							22,365.54			22,365.54
2.本年使用											0.00
（六）其他											0.00
四、本期期末余额	3,000,000.00				0.00	0.00	0.00	22,365.54	0.00	-339,284.68	2,683,080.86

图 1-8　所有者权益变动表

1.3.5　财务报表附注

　　财务报表附注旨在帮助财务报表使用者深入了解基本财务报表的内容，它是财务报表制作者对资产负债表、损益表和现金流量表的有关内容和项目所做的说明和解释。

　　财务报表附注中的内容非常重要，主要包括企业所采用的主要会计处理方法，会计处理方法的变更情况、变更的原因及对财务状况和经营业绩的影响，发生的非经常性项目，一些重要报表项目的明显情况及或有事项，期后事项；以及其他对理解和分析财务报表重要的信息。

　　财务报表附注是对资产负债表、利润表、现金流量表和所有者权益变动表等报表中列示项目的文字描述或明细资料，以及对未能在这些报表中列示项目的说明等，它可以使报表使用者更全面地了解企业的财务状况、经营成果和现金流量。

1.4
财务报表为谁服务

无论做什么事，都会有其目的与意义，一个企业编制财务报表也有其编制的目的与意义，不同的对象，对于财务报表所读所言的意义不一样。对于企业而言，财务报表是其整个财务状况的体现；对于政府而言，通过社会企业单位的财务报表，可以了解国民经济发展的状况；对于企业外的社会大众投资者而言，财务报表可以帮助其把控是否值得投资。由此可见，财务报表有不同的服务对象。

◆　企业

企业是国民经济的主体，也是财务报表编制的主体，财务报表对其有巨大的作用。该"企业"也包括事业单位和集体经济组织等在内，作为财务报表的主体，企业为编制财务报表提供条件，只有以企业为依托，才能有财务报表的产生，但财务报表也同样反作用于企业，为企业的发展决策提供依据，促进企业的发展。

财务报表有五大组成部分，每一组成部分对于企业而言都有不同的服务作用。

通过分析资产负债表，可以了解企业的财务状况，对企业的偿债能力、资本结构是否合理、流动资金充足性等做出判断；通过分析利润表，可以了解分析企业的盈利能力、盈利状况、经营效率，对企业在行业中的竞争地位、持续发展能力做出判断。

通过分析现金流量表，可以了解和评价企业获取现金和现金等价物的能力，并据以预测企业未来现金流量；通过所有者权益变动表，可以明晰企业所有权益变动方向，判断企业经营盈利状况。

通过财务报表附注，可以对企业四大报表中未说明情况有更深入明确的把握。

◆ 股东和债权人

企业的经营发展过程中难免会有股东与债权人，对于他们而言，财务报表又如何提供他们所需要的"服务"呢？

股东最关心的是企业赚了多少钱？作为股东可以得到多少分红？那么股东就需要了解企业的盈利能力，看企业利润表的净利润，但股东是公司的权益投资人，他们的权益是剩余权益。

股东进行财务报表分析是为了在竞争性的投资机会中做出选择，他们主要需要了解企业当前和长期的收益水平高低，企业收益是否容易受重大变动的影响；企业目前的财务状况如何，公司资本结构决定的风险和报酬如何；与其他竞争者相比，企业处于何种地位，以及是否可以在市场竞争中处于优先的地位。

债权人通俗讲就是借钱给企业的单位或个人，包括银行、小贷公司和民间个人，债权人借款给企业，首先要看企业是否有足够的能力来偿还本金和利息，才能考察是否值得发放贷款。

试想如果借出去的钱不能收回，债权人肯定也不会让其资金"打水漂"，所以财务报表主要是为债权人提供企业偿债能力的信息，以帮助债权人权衡借款的风险。其中主要包括资产负债率、流动比率等。

◆ 企业内部的经营决策者

企业有效的财务软件，通过正确的业务处理，出具一套准确有效的财务报表，这套财务报表对于企业内部的经营决策者能提供什么有效的信息呢？

财务报表可以为企业经营决策者提供企业经营成果信息，一定会计期间的财务报表是其对应期间的财务状况的反映，企业的经营决策者们可以从中获取企业盈利状况，成本费用状况以及企业的盈利能力等信息。

利润表是企业市场反馈的直接体现，也是企业盈利能力和潜力的最好反馈。

现金流量表反映企业一定会计期间有关现金和现金等价物的流入和流出信息，用来反映企业创造净现金流量的能力。对现金流量表的分析，有助于经营决策者了解企业在一定时期内现金流入、流出的信息及变动原因，预测未来期间的现金流量，评价企业的财务结构及偿还债务的能力，判断企业适应外部环境变化对现金收支进行调节的余地，揭示企业盈利水平与现金流量的关系。

根据企业的资产负债表，弄清企业负债的基本情况，即流动负债和长期负债及其结构，进而分析各种负债的具体项目和质量，然后分析企业的偿债能力。

企业的经营决策者们通过对这一系列相关的财务报表分析与把控，了解企业市场方向，为企业的后续发展做出科学合理的决策，进而促进企业的进一步发展。

◆ 供应商、客户、政府部门

合作不是盲目的，也不是随意而为的，作为企业的供应商和客户，它们希望和企业的合作是长期的，而不是一次买卖就结束了；作为企业而言，也希望可以留住客户，买家可以成为永远的合作收益对象。要达到长久有效的合作，除了外部的环境条件之外，企业自身的实力与能力同样重要。

任何企业在选择合作对象时，都希望是诚信较好、不拖欠账款的企业。因而，供应商和客户与企业之间，双方是相互考量的，财务报表主要为供应商和客户提供企业的资金周转率、流动资产周转率和净现金流量值。

政府是市场经济看得见的手，企业财务报表有助于政府部门了解国民经济的运行状况，满足财政、税务、工商、审计等部门监督企业经营管理的需求。

◆ 大众投资者

俗话说，钱生钱才是最好的赚钱方式，对于手中有闲钱的大众而言，聪明的人不会将闲钱存放到银行，摊销时间价值与通货膨胀导致手中的货币资金贬值，他们会选择最赚钱的投资方式。

对于大众投资者而言，选择其心仪的投资对象，必须要考察投资对象的经营状况和盈利能力，此时企业的财务报表必不可少，他们主要从以下几个方面进行分析。

①评价企业的财务状况和经营成果，揭示财务活动中存在的矛盾和问题，为改善经营管理提供方向和线索；

②预测企业未来的报酬和风险，为债权人、投资者的决策提供帮助；

③检查企业财务状况的完成情况，考核经营管理人员的业绩，为完善合理的激励机制提供帮助。

所以，我们在分析财务报表的时候，应该有目的地去分析，而不能盲目地去阅读一份财务报表，否则既没有效率，又可能导致一些不必要的错误，从而对我们做出决策产生一些负面影响。

企业的底子：资产负债表

资产负债表是某一特定时间点状态的报表，用来描述一个企业在一个特定的时期，是资产大于负债还是负债大于资产，是企业整个资产负债及所有者权益的集中体现。那么，资产负债表的组成结构有哪些，怎么从资产负债表看出企业的底子，本章将针对这些问题进行详细说明。

【本章要点】

探索资产负债表的神奇奥妙

资产负债表的三大件

资产负债表怎么看

看懂资产负债表 5 问

2.1
探索资产负债表的神奇奥妙

了解一个企业的财务状况，最直接的方式就是看该企业的资产负债表，那什么是资产负债表，资产负债表的基本结构是什么，资产负债表遵循的基本原则又是什么呢？让我们一起来探索资产负债表的神奇奥妙吧！

2.1.1　了解资产负债表的内涵

资产负债表也称为财务状况表，主要是用于反映企业在一定日期内的资产、负债和所有者权益的状况。资产负债表的样式见第 1 章图 1-2 中的《资产负债表》。

资产负债表遵循"资产 = 负债 + 所有者权益"的原则，将企业符合会计核算原则的资产、负债及所有者权益区分为报表的两大区域，经过记账凭证的编制、会计各分类账的对账、会计损益类科目的结转、分类账科目的试算平衡等程序后，以特定日期的企业静态经营状况为基准，将企业的财务状况集中体现在一张表之中。

资产负债表可以为企业的经营方向、管理决策提供依据，也可以让阅读者在最短的时间里了解企业的经营状况，是企业经营状况的"晴雨表"。

2.1.2　揭秘资产负债表的基本结构

资产负债表一般分为表首与正表两部分。其中：

◆ 表首简明扼要地说明报表名称、报表编号、编制单位、编制日期和
   计量单位等。

◆ 正表是资产负债表的主体，列示了用以表达体现企业财务状况的各个科目，比如货币资金、应收账款和应付账款等。

根据正表的不同格式，可将资产负债表划分为报告式资产负债表和账户式资产负债表，下面分别进行介绍。

1. 企业的资产负债表采用报告式结构

报告式资产负债表又称垂直式资产负债表，该类型的资产负债表以上下结构对企业的资产、负债及所有者权益科目进行列示。

一般而言，报告式资产负债表的上半部分列示资产，下半部分列示负债和所有者权益，而具体的排列形式又分为两种情况。

◆ 一种是按“资产＝负债＋所有者权益”的原理排列表格结构，如2-1左图所示。

◆ 另一种是按“资产－负债＝所有者权益”的原理排列表格结构，如2-1右图所示。

资产负债表

编制单位：　　　年　　月　　日　　　单位：元

资产	
流动资产	×××
长期投资	×××
固定资产	×××
无形资产	×××
……	
其他资产	×××
资产合计	×××
权益	×××
负债	
流动负债	×××
长期负债	×××
……	
其他负债	×××
负债合计	×××
所有者权益	
实收资本	×××
资本公积	×××
盈余公积	×××
未分配利润	×××
所有者权益合计	×××
权益合计	×××

资产负债表

编制单位：　　　年　　月　　日　　　单位：元

资产	
流动资产	×××
长期投资	×××
固定资产	×××
无形资产	×××
……	
其他资产	×××
资产合计	×××
减：负债	
流动负债	×××
长期负债	×××
……	
其他负债	×××
负债合计	×××
所有者权益	
实收资本	×××
资本公积	×××
盈余公积	×××
未分配利润	×××
所有者权益合计	×××

图 2-1　报告式资产负债表

2. 企业的资产负债表采用账户式结构

账户式资产负债表又称为水平式资产负债表，是左右结构，其中：

- ◆ 左侧为资产科目，根据会计准则中资产的流动性大小排列，流动性大的资产如"货币资金""应收账款"等排列在前面，流动性小的资产如"固定资产""无形资产"等排列在后面。
- ◆ 右侧为负债及所有者权益科目，一般按要求清偿的时间长短排列，如"短期借款""应付账款"等需要在一年以内偿还的流动负债科目列示在前面，而"长期借款""长期应付款"等在超过一年时间才需偿还的非流动负债科目列示在中间，如"实收资本"等在企业清算之前偿还的所有者权益科目列示在最后。

需要注意的是，账户式资产负债表的左右侧相等，即资产负债表各资产科目的合计等于负债与所有者权益科目的合计数。

账户式资产负债表的优点是资产、负债和所有者权益的恒等关系一目了然，通过账户式资产负债表，可以反映资产、负债、所有者权益之间的内在关系，即"资产＝负债＋所有者权益"。

此外，在账户式资产负债表中，每个项目又分为"期末余额"和"年初余额"两栏分别填列。采用企业会计准则的非金融企业的资产负债表格式见本书第1章图1-2。

以上是现行企业中所采用的两种资产负债表样式的基本结构，对于大多数企业而言，账户式资产负债表是常用的样式，能更好地反映资产、负债与所有者权益之间的直接关系。

2.1.3　资产负债表的借贷平衡原则

我国会计准则规定，"有借必有贷，借贷必相等"和"资产＝负债＋所有者权益"是资产负债表编制的理论基础，也是资产负债表成立的基本原理，如图2-2所示的账户式资产负债表。

资 产 负 债 表

会企01表

编制单位：×××公司　　　　　　　　　　　　　　　　×年×月×日　　　　　　　　　　　　　单位：元

资　　　产	期末余额	年初余额	负债及所有者权益	期末余额	年初余额
流动资产：			流动负债：		
货币资金	500,000.00	300,000.00	短期借款	100,000.00	100,000.00
衍生金融资产			衍生金融负债	-	
应收票据及应收账款	250,000.00	50,000.00	应付票据及应付账款	300,000.00	100,000.00
预付款项	200,000.00	100,000.00	预收款项	-	
其他应收款	500,000.00	150,000.00	应付职工薪酬	50,000.00	30,000.00
存货	100,000.00	-	应交税费	50,000.00	
持有待售的资产		500,000.00	其他应付款	300,000.00	200,000.00
一年内到期的非流动资产			持有待售的负债	-	
其他流动资产			一年内到期的非流动负债	-	
流动资产合计	1,550,000.00	1,100,000.00	其他流动负债	-	
非流动资产：			流动负债合计	800,000.00	430,000.00
可供出售金融资产	-	-	非流动负债：		
持有至到期投资	-	-	长期借款	900,000.00	870,000.00
长期应收款	-	-	应付债券	-	
长期股权投资	200,000.00	200,000.00	长期应付款	-	
投资性房地产	-	-	预计负债	-	
固定资产	500,000.00	500,000.00	递延收益	-	
在建工程	-	-	递延所得税负债	-	
工程物资	-	-	其他非流动负债	-	
固定资产清理	-	-	非流动负债合计	900,000.00	870,000.00
生产性生物资产	-	-	负债合计	1,700,000.00	1,300,000.00
油气资产	-	-			
无形资产	500,000.00	500,000.00	所有者权益（或股东权益）：		
开发支出	-	-	实收资本（或股本）	1,000,000.00	1,000,000.00
商誉	-	-	其他权益工具	-	
长期待摊费用	-	-	资本公积	-	
递延所得税资产	-	-	其他综合收益	-	
其他非流动资产	-	-	专项储备	-	
非流动资产合计	1,200,000.00	1,200,000.00	盈余公积	-	
			未分配利润	50,000.00	
			所有者权益合计	1,050,000.00	1,000,000.00
资产总计	2,750,000.00	2,300,000.00	负债和所有者权益总计	2,750,000.00	2,300,000.00

图 2-2　账户式资产负债表

如上图所示，不管是期初余额，还是期末余额，资产负债表左右两边的数额总是相等的，这是资产负债表借贷平衡原则的体现。但在实际的账务处理过程中，我们经常会发现会计处理软件中资产负债表会发生借贷不平衡的情况，那么借贷不平衡所产生的原因有哪些呢？主要总结为以下几点。

◆ 没有进行期间损益科目的结转。简单来说，就是所有的记账凭证已经编制结束了，并且已经对所编制的记账凭证记了账，但没有结转损益类科目，资产负债表就会左右不平衡；或是结转损益后，又重新做了损益类的发生情况的凭证，没有再次进行结转损益，资产负债表也会不平衡。检查方式是通过账簿汇总查询，查询所有损益类科目的期末余额情况，应该全部为零，若不为零，则属于上述两种情况之一。

◆ 新增了某一级科目，并且在进行账务处理时也使用了该科目。但是新增某一级科目后，并没有相应地修改对应的报表公式，导致报表公式获取不到新增科目的金额，资产负债表不平衡。

◆ 修改了科目设置中的科目属性，当把某科目的科目属性修改后，其默认方向发生改变，在报表中取期末余额时，通常会出现负数，导致资产负债表不平衡，比如最典型的就是利息收入科目，当收到利息时，"财务费用——利息收入"科目必须记账（借方红字），否则结转损益之后的报表会导致借贷不平衡。

◆ 年终建账初始化时，损益类科目余额不为零，即上月底未结转损益，或记账凭证未全部审核记账就结转期间损益导致损益类科目有余额，资产负债表的年初数不平，则期末数不平。

◆ 登录日期不是出报表日期的最后一天。

◆ 报表的行业性质选择错误。

2.2
资产负债表的三大件

众所周知，资产负债表的主要组成部件是资产、负债和所有者权益，但是资产负债表中资产有哪些？负债有哪些？所有者权益又有哪些？这节我们来一一探讨吧。

2.2.1　企业的资产及其分类

资产是指由企业过去经营交易或各种事项形成的，由企业拥有或控制的，预期会给企业带来经济利益的资源。对于一个公司而言，资产是最重要的组成内容，资产的管理与运营水平是衡量一个公司家底的重要指标。

根据财务报表列报准则的规定，资产负债表的资产应当按照资产的流动性进行划分，分为流动资产和非流动资产。2018 年会计准则中，流动资产和非流动资产的具体项目如下。

◆ *流动资产*

流动资产是指流动性相对较高的资产，包括货币资金、衍生金融资产、应收票据及应收账款、预付款项、应收股利、应收利息、存货和持有待售的资产等。

注：衍生金融资产即以公允价值计量且其变动计入当期损益的金融资产，比如交易性金融资产以及企业为了近期出售而持有的债券、股票和基金。而持有待售资产为最新会计准则资产负债表新增的科目，其目的是反映资产负债表日划分为持有待售类别的处置中流动资产和非流动资产的账面价值，包括固定资产、无形资产、长期股权投资等，不包括金融资产和递延所得税资产。

◆ 非流动资产

非流动资产一般指流动资产以外的资产，如长期股权投资、固定资产、生产性生物资产、油气资产、无形资产、商誉和长期待摊费用等。

注：生产性生物资产是指为产出农产品、提供劳务或出租等目的而持有生物资产，比如经济林、产畜等，具有自我生长性的特征；油气资产是油气开采企业所拥有和控制的油气井或者矿区权益等，是油气开采企业重要的资产组成部分。

资　产　表

编制单位：××公司　　　　×年×月×日　　　　会企01表
单位：元

资　　　　产	期末余额	年初余额
流动资产：		
货币资金	550,000.00	300,000.00
衍生金融资产	-	-
应收票据及应收账款	250,000.00	150,000.00
预付款项	200,000.00	150,000.00
其他应收款	500,000.00	-
存货	100,000.00	-
持有待售的资产	-	-
一年内到期的非流动资产	-	-
其他流动资产	-	-
流动资产合计	1,600,000.00	600,000.00
非流动资产：		
可供出售金融资产	-	-
持有至到期投资	-	-
长期应收款	-	-
长期股权投资	200,000.00	200,000.00
投资性房地产		
固定资产	500,000.00	500,000.00
在建工程	-	-
生产性生物资产	-	-
油气资产	-	-
无形资产	500,000.00	500,000.00
开发支出	-	-
商誉	-	-
长期待摊费用	-	-
递延所得税资产	-	-
其他非流动资产	-	-
非流动资产合计	1,200,000.00	1,200,000.00
资产总计	2,800,000.00	1,800,000.00

图 2-3　资产负债表的资产

如图 2-3 所示的就是某单位的资产负债表中资产的构成，如货币资金、应收账款和存货等构成流动资产，长期应收款、固定资产和无形资产等构成非流动资产，而流动资产和非流动资产对应的相关会计科目相对应金额的相加或相减，得出资产的合计，如流动资产＝货币资金＋应收款项＋存货。

下面我们来看一个公司流动资产的账务形式。

【实账处理】——公司流动资产的账务处理

甲公司为一般纳税人企业，适用增值税率为 13%。甲公司 2019 年 5 月初资产负债表中银行存款余额为 30 万元，应收账款余额为 60 万元，存货余额为 100 万元，公司于 2019 年 5 月以银行存款形式收回前期应收款项 50 万元，本期销售货物含税 100 万元，此款项未收回，销售成本 90 万元，本期购进货物 200 万元，期初存货盘点为 100 万元。此为本期甲公司所发生的所有业务往来。

在此例子中，主要的账务会计分录如下。

①收回前期应收款项。

借：银行存款   500 000.00

    贷：应收账款   500 000.00

②销售货物。

应交增值税 ＝1 000 000÷（1+13%）×13%＝115 044.25（元）

借：应收账款   1 000 000.00

    贷：主营业务收入   884 955.75

        应交税费——应交增值税——销项税额   115 044.25

③结转销售成本。

借：主营业务成本   900 000.00

    贷：库存商品   900 000.00

④购进货物。

借：库存商品   2 000 000.00

    贷：应付账款   2 000 000.00

经过以上账务处理和会计运算，甲公司银行存款 2019 年 5 月的余额为 30+50=80（万元），应收账款余额为 60-50+100=110（万元），存货余额为 100+200-90=210（万元）。

因此甲公司 2019 年 5 月底资产负债表列示的流动资产总额为 400 万元。

2.2.2 企业的负债及其分类

负债是企业在过去的交易或事项中形成的，预期会导致经济利益流出企业的现时义务。简而言之，这好比是一个自然人向外界借钱一样，钱借入之后，其对外的负债增加，在未来，其所获得的收益会用于抵减所欠的债务。

有人曾说，负债也是企业进行经营发展的重要杠杆，在我们传统的观念中，欠债总是被贴上不好的标签，但是在实际经营中，衡量一个企业经营状况的好坏，并不是该企业的负债越少越好，而要合理运用负债的杠杆效应，加快流动资金和生产的周转速度，提升企业的经营水平。

根据财务报表列报准则的规定，资产负债表的负债应当按照负债的偿还期限的长短进行划分，分为流动负债和非流动负债，2018 年会计准则中，流动负债和非流动负债的具体项目如表 2-1 所示。

表 2-1　负债的分类和具体科目

分类形式	描述	具体项目
流动负债	一年或者超过一年的一个营业周期内偿还的债务	短期借款、衍生金融负债、应付票据及应付账款、预付账款、应付职工薪酬、应交税费、其他应付款等
非流动负债	偿还期超过一年或者超过一年的一个营业周期以上的债务	长期借款、应付债券、长期应付款、专项应付款、预计负债、递延收益等

注：2018 年新的会计准则中新增了持有待售的负债科目，全称为"被划分为持有待售的处置组的负债"，如图 2-4 所示的是被划分为持有待售处置组中的与转让资产相关的负债部分。

负债表

<table>
<tr><td colspan="3"></td><td>会企01表</td></tr>
<tr><td colspan="2">编制单位：×××有限公司</td><td>×年×月××日</td><td>单位：元</td></tr>
<tr><td colspan="2">负债及所有者权益</td><td>期末余额</td><td>年初余额</td></tr>
<tr><td colspan="2">流动负债：</td><td></td><td></td></tr>
<tr><td></td><td>短期借款</td><td>100,000.00</td><td>100,000.00</td></tr>
<tr><td></td><td>衍生金融负债</td><td>—</td><td>—</td></tr>
<tr><td></td><td>应付票据及应付账款</td><td>300,000.00</td><td>100,000.00</td></tr>
<tr><td></td><td>预收账款</td><td>—</td><td>—</td></tr>
<tr><td></td><td>应付职工薪酬</td><td>12,932.05</td><td>12,932.05</td></tr>
<tr><td></td><td>应交税费</td><td>—</td><td>—</td></tr>
<tr><td></td><td>其他应付款</td><td>46,775.80</td><td>46,775.80</td></tr>
<tr><td></td><td>持有待售的负债</td><td>—</td><td>—</td></tr>
<tr><td></td><td>一年内到期的非流动负债</td><td>—</td><td>—</td></tr>
<tr><td></td><td>其他流动负债</td><td>—</td><td>—</td></tr>
<tr><td></td><td>流动负债合计</td><td>459,707.85</td><td>259,707.85</td></tr>
<tr><td colspan="2">非流动负债：</td><td></td><td></td></tr>
<tr><td></td><td>长期借款</td><td>900,000.00</td><td>870,000.00</td></tr>
<tr><td></td><td>应付债券</td><td>—</td><td>—</td></tr>
<tr><td></td><td>长期应付款</td><td>—</td><td>—</td></tr>
<tr><td></td><td>预计负债</td><td>—</td><td>—</td></tr>
<tr><td></td><td>递延收益</td><td>—</td><td>—</td></tr>
<tr><td></td><td>递延所得税负债</td><td>—</td><td>—</td></tr>
<tr><td></td><td>其他非流动负债</td><td>—</td><td>—</td></tr>
<tr><td></td><td>非流动负债合计</td><td>900,000.00</td><td>870,000.00</td></tr>
<tr><td colspan="2">负债合计</td><td>1,359,707.85</td><td>1,129,707.85</td></tr>
</table>

图 2-4 资产负债表的负债

上图所示为企业的负债项目，如短期借款、应付账款、应付职工薪酬等构成企业的流动负债，长期借款、专项应付款、递延收益等构成企业的非流动负债，流动负债和非流动负债经过会计处理和会计科目的相加与相减的运算，最终得到期末的负债合计，即负债合计 = 流动负债合计 + 非流动负债合计。下面我们来看一个公司负债的实账处理方法。

【实账处理】——公司负债计算题

2019 年 5 月资产负债表日，乙公司的短期借款余额为 100 万元，应收账款余额为 50 万元，预收账款余额 10 万元，应付职工薪酬余额 20 万元，长期借款余额 200 万元，递延收益余额 50 万元，问：2019 年 5 月资产负债表日，乙公司的流动负债为多少，非流动负债为多少，负债总额是多少？

根据题中所描述的来看，乙公司流动负债 = 短期借款 + 应收账款 + 预收账款 + 应付职工薪酬，即 100+50+10+20=180（万元）。

乙公司非流动负债 = 长期借款 + 递延收益，即 200+50=250（万元）。

乙公司负债总额 = 流动负债 + 非流动负债，即 180+250=430（万元）。

2.2.3 所有者权益及其组成结构

所有者权益是企业的资产扣除其负债部分之后，剩余的由所有者享有的权益，也可以叫做企业的股东权益，它是企业的资产扣除债权人权益以后所有者享有的部分，既可以反映出企业股东投入资本的保值增值的状况，又能保护企业债权人，是企业财务状况表的重要组成部分。

如图 2-5 所示的是所有者权益的组成部分，包括所有者即股东投入的资本、其他综合收益、留存的收益等，具体包含实收资本、其他权益工具、资本公积、其他综合收益、专项储备、盈余公积和未分配利润等。

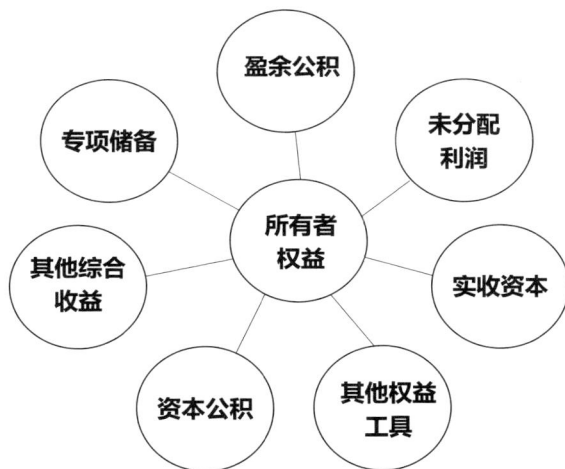

图 2-5　所有者权益组成图

其中，实收资本是股东投入的股本，这里需注意，以往的观念中我们会认为实收资本等于企业的注册资本，新《公司法》规定申办企业降低了门槛，由实缴制变更为认缴制，如果企业注册资本采取认缴制，实收资本可能小于注册资本，但二者最终应该是一致的。

所有者权益的合计也是等于所有者权益包含的各个项目的合计数。

2.3 资产负债表怎么看

资产负债表是企业经营状况的重要反映，对于摆放在我们面前的一张资产负债表，我们该如何去看，如何在一张浓缩的表格中找出我们需要的有效且有用的信息呢？本节将教会大家如何看资产负债表。

2.3.1 可以说话的资产负债表

大家一定会很好奇，资产负债表只是一张表格，怎么会"说话"呢？殊不知通过一张小小的表格，我们能从其中看出大学问，具体如下所示。

◆ **对于企业：**资产负债表可以"告诉"我们企业的资产总额有多少，流动资产的流动率是否符合经营投资的要求，负债占有率情况如何，企业经营是否有效利用负债的杠杆效应等。

◆ **决策者：**可以为企业经营决策者检验其决策的正确性，引发经营的反思，并吸取经验教训，及时反馈，并不断修正，也反映企业产品对市场的适应性。

◆ **客户：**企业的发展离不开客户，客户合作都需要经济效益良好的伙伴，资产负债表会形象地告诉客户企业的经营状况，是否值得长期合作，以使双方可以共赢。

◆ **投资者：**资产负债表能让投资者预估此次投资是否合理，投资回报是否能达到预期估值，也能为投资者在以后追加投资中提供依据，以此带动社会资本的流动和增加企业经济效益。

图 2-6 为甲公司 2019 年 5 月的资产负债表。

资 产 负 债 表

会企01表

编制单位：甲公司			2019年5月30日	单位：元	
资 产	期末余额	年初余额	负债及所有者权益	期末余额	年初余额
流动资产：			流动负债：		
货币资金	876,530.23	356,834.20	短期借款	1,000,000.00	1,000,000.00
衍生金融资产	—	—	衍生金融负债	—	—
应收票据及应收账款	1,103,400.00	875,650.00	应付票据及应付账款	543,200.80	352,484.20
预付款项	200,000.00	150,000.00	预收账款	—	—
应收利息	—	—	应付职工薪酬	247,790.90	30,000.00
应收股利	—	—	应交税费	50,000.00	—
其他应收款	500,000.00	—	应付利息	—	—
存货	986,543.42	500,000.00	应付股利	—	—
持有待售的资产	—	—	其他应付款	300,000.00	200,000.00
一年内到期的非流动资产	—	—	持有待售的负债	—	—
其他流动资产	—	—	一年内到期的非流动负债	—	—
			其他流动负债	—	—
流动资产合计	3,666,473.65	1,882,484.20	流动负债合计	2,140,991.70	1,582,484.20
非流动资产：			非流动负债：		
可供出售金融资产	—	—	长期借款	900,000.00	500,000.00
持有至到期投资	—	—	应付债券	—	—
长期应收款	—	—	长期应付款	—	—
长期股权投资	200,000.00	200,000.00	专项应付款	—	—
投资性房地产	—	—	预计负债	—	—
固定资产	1,003,450.45	500,000.00	递延收益	—	—
在建工程	—	—	递延所得税负债	—	—
工程物资	—	—	其他非流动负债	—	—
固定资产清理	—	—	非流动负债合计	900,000.00	500,000.00
生产性生物资产	—	—	负债合计	3,040,991.70	2,082,484.20
油气资产	—	—	所有者权益（或股东权益）：		
无形资产	500,000.00	500,000.00	实收资本（或股本）	2,000,000.00	1,000,000.00
开发支出	—	—	其他权益工具	—	—
商誉	—	—	资本公积	—	—
长期待摊费用	0.00	0.00	其他综合收益	—	—
递延所得税资产	—	—	专项储备	—	—
其他非流动资产	—	—	盈余公积	—	—
非流动资产合计	1,703,450.45	1,200,000.00	未分配利润	328,932.40	—
			所有者权益合计	2,328,932.40	1,000,000.00
资产总计	5,369,924.10	3,082,484.20	负债和所有者权益总计	5,369,924.10	3,082,484.20

图2-6 甲公司2019年5月资产负债表

从图2-7甲公司2019年5月的资产负债表中，我们可以看出截止到2019年5月，甲公司的资产总额约为536.99万元，也可以对比甲公司年初数，资产增加额约为228.74万元；通过该资产负债表中甲公司的流动资产、所拥有的固定资产等资产总计数和负债的状况，也能计算出甲公司2019年5月的资产负债率为56.63%，可以看出甲公司的资产负债率在一个合理的范围内，也能通过未分配利润看出甲公司2019年的净利润状况，确定是否值得投资者投资。总之，公司的经营决策在此阶段是符合市场需求和公司发展方向的。

资产负债表可对不同的读表者提供不同的信息需求，是企业的经营决策、财务运营指导、投资吸收的"代言人"。不同的人，需求不一样，从资产负债表中提取的有用信息就不一样，但无论如何，会"说话"的资产负债表都是一个企业状况的最直接的表达方式。

2.3.2　阅读资产负债表的方法

资产负债表能反映出企业的诸多状况，对于企业发展战略的制定与实施具有非常重要的作用，因此，读懂、读透资产负债所反映出来的企业信息就显得十分必要了。那么，我们该如何去阅读资产负债表呢，具体有哪些方法呢？

◆　总体浏览法

拿到一张企业的资产负债表，浏览一下表中的主要内容，这样就可以对资产负债表中企业的资产、负债及股东权益的总额及其内部各个项目的构成和增减变化有一个初步的认识，这些内容是在资产负债表中直接体现的，可以一眼看出来。

由于企业总资产在一定程度上反映了企业的经营规模，而资产的增减变化与企业负债和股东权益的变化有极大的关系，当企业的股东权益增长幅度高于资产总额的增长时，说明企业的资金实力有了相对的提高，反之则说明企业规模扩大的原因是来源于负债规模的扩大，也从侧面反映企业的资金实力相对降低，偿还债务的能力减弱。

◆　重点分析阅读方法

对于资产负债表中的一些重要项目，尤其是年初余额和期末余额数据差异比较大的项目，或者出现大数额的红字项目，这些是阅读时应关注的重点，需要在阅读资产负债表的过程中做进一步的分析，比如流动资产、流动负债、固定资产、应收票据及应收账款、货币资金等。

例如，企业的应收账款占总资产的比重过大，说明企业资金被占用的情况很严重，资金使用效率低，进而不利于企业的扩大再生产；而应收账款的增长速度过快，说明企业因其产品的市场竞争力较弱或者是容易受市场环境的影响，企业的资金回收工作质量较低。通常在报表附注中会对应收账款的账龄进行分析，并依据不同的账龄提取企业的坏账准备，一般账龄越长，收回的可能性越小。

再如，企业年初和年末的负债数额比较大，说明企业债务负担较重，但是在此情况下，企业的盈利水平仍比较好，说明企业产品的市场竞争力较好，具有较强的获利能力，企业的盈利能力较强，经营决策者也具备相应的风险意识，市场分析到位。

　　注：在对一些项目进行分析评价时，要注意结合行业的特点，比如针对房地产产业而言，如果该企业拥有较大数额的存货，意味着企业存在着较多的正在开发的商品房项目，而当这些项目完工并出售以后，预期会为企业带来较高的经济效益。

2.3.3　阅读资产负债表的步骤

　　了解了资产负债表的阅读方法，接下来就需要了解其阅读的步骤，这些步骤能帮助我们更好地了解报表所体现的企业财务状况。现对资产负债表的阅读步骤进行如下说明。

◆ **总体观察**：观察财务发展变化的方向，即采用总体浏览的方法，对资产负债表的构成及其各个项目的变化有一个大体的把握，结合资产负债表中的期初与期末数额的变化观察企业财务发展变化的方向，准确了解企业的经营信息。

◆ **具体项目浏览，寻找财务发展变化的具体原因**：知道资产负债表反映出的各个核算项目的具体变化，结合行业发展的实际，分析查找各个项目变化的具体点在哪儿，以此为企业的发展战略提供依据。

◆ **计算相关财务比率，检验企业财务的安全性**：资产负债表隐形地包含了企业的各个财务比率，通过运算，可以得到相关的财务比率信息。各相关的财务比率是企业财务指标分析的节点，可以检验企业财务的安全性，对企业的财务进行安全预警。

◆ **审视和评价资产项目**：评估资产的变化能力、成本与市价、资产的价值以及资产的含水量，即通过资产负债表各项目的变化，评判项目的可行性，评估资产的变化能力等。

◆ **分析负债结构**：研究负债偿还是否与现金流量进行了较好的衔接；

◆ **审视所有者权益**：分析形成及变动的原因。

◆ **关注受人为因素影响较多的报表服务**：评估这些服务对报表产生的影响。

如图 2-8 所示的资产负债表，首先总体观察可以得出企业 2019 年 6 月的资产总额为 205.97 万元，也能和年初的资产总额进行一个对比，发现其资产总额没有发生变化，再通过对表中各个项目的具体浏览，能看出各个项目月末的余额，也能对比各个项目的余额变化情况。

资 产 负 债 表

编制单位：××有限公司　　　　　　　　　　　　2019 年 5 月　　　　　　　　　　　　会企 01 表
单位：元

资　　　产	期末余额	年初余额	负债及所有者权益	期末余额	年初余额
流动资产：			流动负债：		
货币资金	68,839.26	68,787.67	短期借款	–	–
衍生金融资产	–	–	衍生金融负债	–	–
应收票据及应收账款	–	–	应付票据及应付账款	–	–
预付款项	–	–	预收账款	–	–
应收利息	–	–	应付职工薪酬	12,932.05	12,932.05
应收股利	–	–	应交税费	–	–
其他应收款	630,000.00	630,000.00	应付利息	–	–
存货	–	–	应付股利	–	–
持有待售的资产	–	–	其他应付款	46,775.80	46,775.80
一年内到期的非流动资产	–	–	持有待售的负债	–	–
其他流动资产	–	–	一年内到期的非流动负债	–	–
			其他流动负债	–	–
流动资产合计	698,839.26	698,787.67	流动负债合计	59,707.85	59,707.85
非流动资产：			非流动负债：		
可供出售金融资产	–	–	长期借款	–	–
持有至到期投资	–	–	应付债券	–	–
长期应收款	–	–	长期应付款	–	–
长期股权投资	1,000,000.00	1,000,000.00	专项应付款	–	–
投资性房地产	–	–	预计负债	–	–
固定资产	49,158.08	49,897.22	递延收益	–	–
在建工程	–	–	递延所得税负债	–	–
工程物资	–	–	其他非流动负债	–	–
固定资产清理	–	–	非流动负债合计	–	–
生产性生物资产	–	–	负债合计	59,707.85	59,707.85
油气资产	–	–	所有者权益（或股东权益）：		
无形资产	–	–	实收资本（或股本）	2,000,000.00	2,000,000.00
开发支出	–	–	其他权益工具	–	–
商誉	–	–	资本公积	–	–
长期待摊费用	311,710.51	311,022.96	其他综合收益	–	–
递延所得税资产	–	–	专项储备	–	–
其他非流动资产	–	–	盈余公积	–	–
非流动资产合计	1,360,868.59	1,360,920.18	未分配利润	–	–
			所有者权益合计	2,000,000.00	2,000,000.00
资产总计	2,059,707.85	2,059,707.85	负债和所有者权益总计	2,059,707.85	2,059,707.85

图 2-8　某公司 2019 年 5 月资产负债表

从表中可以看出，货币资金、固定资产以及长期待摊费用发生了变化，各项目是增加还是减少都可以如实反映；通过表中一些财务比率的计算，可以对公司的发展进行评估。从该表中可以看出，该企业很可能并未投入运营，且处于停业状态，因为其各项目变化幅度不大，资产的总额、负债及所有者权益等也并未有所改变。

2.3.4　阅读资产负债表的 5 个要点

资产负债表看似难懂，其实也简单，只要我们掌握了阅读的要点，就算不是专业财务人员，一样也可以读懂资产负债表。阅读资产负债表需要把握其五大要点，分别是整体把握、分类别分析、重点关注、异常预警和后续考察。现对这五大要点一一进行分析说明。

整体把握。阅读一个企业的资产负债表，我们不要急于去分析各个项目的具体数字，在不了解企业整体财务经营状况的前提下去对各个具体的项目进行分析是不明智的。阅读资产负债表，我们必须要从宏观的层面先对其有一个清晰的认识，整体把握企业的财务经营状况，并预先了解企业的实际市场状况和经营生产情况，这样更有助于我们在阅读资产负债表时分析表中数据的真实性和合理性，也有助于后续更好地做微观层面的分析。

分类别分析。资产负债表对各个项目的体现都很具体，为了更好地读懂资产负债表所体现的信息，需要注意各个项目的具体变化，比如要分析资产、负债和所有者权益的结构，并对企业这 3 项构成要素进行分类分析，以此了解各类别项目的财务发展变化。

重点关注。阅读资产负债表，我们需要牢记重点关注表中的重要项目，特别是和企业经营发展密切相关的项目，通过一些重点项目的变化，我们可以大体把握当期企业的经营是否是良好发展。效益与发展是否是正常的。对于流动资产，我们要关注其货币资金、应收账款的情况，而生产性企业，还需把握其存货的情况；对于非流动资产，则需关注企业的固定资产；负债方面则要对应付账款进行重点考察，所有者权益则要注意当期未分配利润的变化，因为和年初余额对比，是可以得出当年年初到报表截止日时的盈利总额，以此看出企业的盈利水平。

异常预警。对于一些变化幅度比较大的项目，我们就需要做异常预警，引起警惕，要分析异常变化的幅度是怎样的，并结合实际，大体分析此预警项目是否合理，同时重点查找预警项目达到预警临界值的原因。通过原因分析，对不合理引起的项目变化幅度大的，及时预防改正，并在以后的财务管理中做好防范。

后续考察。资产负债表只反应当期的财务经营状况，因而阅读企业的资产负债表，应当不只是看一期的资产负债表，而应对比前期的报表，或者持续关注后期的资产负债表，对于报表中的各个项目的后续变化进行时间上的连续分析，这样能更准确地看懂看透企业的财务发展方向及经营成果，也能让企业决策更科学合理。

仔细领悟阅读资产负债表的 5 个要点，实际工作时带着问题去阅读，能够帮助我们更好地读懂资产负债表。

2.4
看懂资产负债表 5 问

资产负债表内容丰富，包含的信息量十分广泛，为了更进一步地看懂资产负债表，本章对资产负债表中的重点项目和问题进行探究，让我们更加深入地去剖析资产负债表吧。

2.4.1 流动资产有哪些

资产是企业的根本，流动资产就是企业资产的灵魂，衡量一个企业是否有发展潜力，首先考量的就是企业的流动资产，那么，企业的流动资产有哪些呢？为什么对于企业而言，流动资产如此重要呢？

1. 货币资金

货币资金是指存在于货币形态的资金，是企业可以立即投入流通，用来购买商品或服务，或者偿还债务等的资产。它包括企业的库存现金、银行存款和其他货币资金。它可以是人民币，也可以是外币，比如外贸企业会设置美元、欧元等外币账户。货币资金期末余额等于库存现金、银行存款和其他货币资金的期末余额的总和。

【实账处理】——公司货币资金相关题

已知甲公司 2019 年 5 月资产负债表日库存现金的余额为 2 万元，银行存款余额为 56 万元，其他货币资金余额 10 万元，2019 年 6 月甲公司收到客户支付的应收账款 3 万元现金，另外现金支付员工借款 1.5 万元，银行收款 50 万元，并以银行存款支付员工工资 8 万元，则 2019 年 6 月资产负债表日甲公司货币资金为多少？此例子中主要会计分录如下。

①现金收款：

借：库存现金　　　　　　　30 000.00

　　贷：应收账款　　　　　　　30 000.00

②现金支付员工借款：

借：其他应收款　　　　　　15 000.00

　　贷：库存现金　　　　　　　15 000.00

③银行收款：

借：银行存款　　　　　　　500 000.00

　　贷：应收账款　　　　　　　500 000.00

④支付员工工资：

借：应付职工薪酬　　　　　80 000.00

　　贷：银行存款　　　　　　　80 000.00

此例子中，可以得出甲公司 2019 年 6 月末的库存现金余额为：2+3-1.5=3.5（万元）；银行存款余额为：56+50-8=98（万元），其他货币资金的余额 10 万元没有发生变化，进而得出甲公司 2019 年 6 月资产负债表日货币资金余额为：3.5+98+10=111.5（万元）。

货币资金是企业资金运动的起点和终点，是企业生产经营的先决条件。

随着企业再生产过程的进行，会产生频繁的货币收支业务，其间货币资金是企业中最活跃的资金，流通性强，是企业唯一能够直接转化为其他任何资产的流动性资产，也是唯一可以代表企业购买力水平的资产。

注：企业不得"坐支"现金，不得使用"白条"，不得设置"小金库"等。

2. 衍生金融资产——以公允价值计量且其变动计入当期损益的金融资产

以公允价值计量且其变动计入当期损益的金融资产是指企业将某项金融资产指定为以公允价值计量且其变动计入当期损益的资产，包括企业的交易性金融资产和某项金融资产不满足确认为交易性金融资产条件时，企业仍可在符合某些特定条件的情况下按其公允价值进行计量，并将其公允价值变动计入当期损益的金融资产。

企业在核算该项资产时，应按公允价值进行初始计量，并将其取得的相关交易费用直接计入当期损益。交易费用包括支付给代理机构、咨询公司、券商等的手续费、佣金及其他必要支出，不包括债券溢价、折价、融资费用、内部管理成本及其他与交易不直接相关的费用。

企业取得以公允价值计量且其变动计入当期损益的金融资产所支付的价款中，包含已宣告但尚未发放的现金股利或已到支付利息期限但未领取的利息的部分，而应收股利和利息应单独确认为应收项目。

在持有期间产生的应收利息或现金股利，应当确认为当期投资收益。资产负债表日，企业应将以公允价值计量且其变动计入当期损益的金融资产计入当期损益。

3. 应收票据

应收票据是由付款人或收款人签发、由付款人承兑到期无条件付款的一种书面凭证。

应收票据按承兑人不同分为商业承兑汇票和银行承兑汇票，按其是否附息分为附息商业汇票和不附息商业汇票。商业汇票既可以依法背书转让，也可以向银行申请贴现。

注意，根据我国现行法律的规定，商业汇票的付款期限不得超过 6 个月，符合条件的商业汇票持票人，可以持未到期的商业汇票和贴现凭证向银行申请贴现。应收票据作为企业流动资产的重要组成部分，在企业的经营活动中运用广泛。对于应收票据，主要讲讲其核算时的会计处理方法，具体如下。

①因债务人抵偿前欠货款而取得应收票据时：

借：应收票据　　　　　　　　　　（票据的面值）
　　贷：应收账款　　　　　　　　　（票据相同值）

②因销售商品而收到的应收票据时：

借：应收票据　　　　　　　　　　（票据的面值）
　　贷：主营业务收入　　　　　　　（不含增值税的收入）
　　　　应交税费——应交增值税（销项税额）

注意：此会计分录的应交税费是不含税收入与适用税率的乘积。

③对于带息应收票据，期末按应收票据面值和确定的票面利率计提利息，并增加应收票据的账面余额。

借：应收票据　　　　　　　　（票据面值与利率的乘积）
　　贷：财务费用——利息　　　（票据面值与利率的乘积）

④到期收回款项的核算。

若为不带息商业汇票，到期收回时应做会计分录如下：

借：银行存款　　　　　　　　（到期值）
　　贷：应收票据　　　　　　　（票据面值）

若为带息商业汇票，到期收回时应做会计分录如下：

借：银行存款　　　　　　　　（到期值）
　　贷：应收票据　　　　　　　（票据账面余额）
　　　　财务费用——利息　　　（尚未计提利息部分）

⑤付款人无力支付票款时的：

借：应收账款

贷：应收票据

4.应收账款

应收账款是企业在正常的经营过程中因销售商品、产品、提供劳务等，应向购买单位收取的款项，包括应由购买单位或接受劳务单位负担的税金、代购买方垫付的各种运杂费等，是企业最直接的业务体现。为如实体现企业的经营往来，企业的产品或服务销售往来通常都会从应收账款科目核算，它是伴随企业的销售行为发生而形成的一项债权。因此，应收账款的确认与收入的确认密切相关，通常在确认收入的同时，确认应收账款，在收取购买方的账款时，冲销应收账款科目，这样可以通过该科目的本期借贷方发生额和余额反映当期甚至是当年的销售业务数据。

而通常在核算该科目时，都会按照不同的单位设置明细科目，即在应收账款科目下设置具体的购买方单位名称，这样有助于我们对各个购买方进行对账。

应收账款是企业经营业务情况的体现，其科目的运用在企业核算中相当广泛，下面对应收账款的账务处理介绍如下。

①购买方购买商品或劳务，确定企业收入：

借：应收账款　　　　　　　　　　　　（按应收金额）

　　贷：主营业务收入　　　　　　　　（实现的不含税营业收入）

　　　　应交税费——应交增值税（销项税额）　（税额）

收回应收账款时：

借：银行存款 / 库存现金

　　贷：应收账款

②企业代购货单位垫付包装费、运杂费时：

借：应收账款

　　贷：银行存款 / 库存现金

收回代垫运费时：

借：银行存款/库存现金

    贷：应收账款

【实账处理】——公司应收账款账务处理

某公司为一般纳税人企业，适用增值税为 13%，2019 年 5 月初销售其生产产品一批，总计金额 113 万元，货款未收，银行存款支付代垫运费 5 万元。2019 年 6 月购买方将货款与运费以银行存款方式一次性支付，该公司主要账务处理如下。

① 5 月销售货物时：

借：应收账款——×× 客户	1 130 000.00
贷：主营业务收入	1 000 000.00
应交税费——应交增值税（销项税额）	130 000.00

②代垫运费时：

借：应收账款——×× 客户	50 000.00
贷：银行存款	50 000.00

③收取货款及运费时：

借：银行存款	1 180 000.00
贷：应收账款——×× 客户	1 180 000.00

本科目期末余额通常在借方，反映企业尚未收回的应收账款；如果期末余额在贷方，反映企业预收的账款。应收账款会进行账龄分析，对于超过一年以上账龄的应收账款，应计提相应的"坏账准备"，通常账龄越长，企业收回账款的可能性越小。

5. 预付账款

预付账款是指企业按照购货合同的规定，预先以货币资金或货币等价物支付供货单位的款项，即企业预先支付给供应商的账款，此时供应商一般未提供货物或者劳务，或者未开具相应的发票，企业无法将款项计入存货或损益类核算科目。在日常核算中，预付账款按实际付出的金额入账，如预付的材料、商品采购货款以及企业施工修建的工程款等。预付账款是公司债权的组成部分，通俗点就是暂存别处的钱，在没有发生交易之前，钱还是你的，所以是企业的资产。预付款项时，借记"预付账款"，贷记"银行存款"或"库存现金"科目；对方货物或服务发票到账时，借记"原材料""库存商品"和"在建工程"等科目，贷记"预收账款"。

【实账处理】——公司预付账款账务处理

某公司计划修建一栋办公大楼，2019 年 5 月初以银行存款方式预付工程建筑商第一阶段工程款 100 万元，2019 年 6 月办公大楼第一阶段施工完工，收到对方开具的税率为 3% 的增值税专用发票一张，该公司账务处理如下。

① 2019 年 5 月初支付第一阶段工程款时：

借：预付账款——×× 建筑商   1 000 000.00

  贷：银行存款   1 000 000.00

②收到对方的增值税专用发票时：

借：在建工程——办公大楼   970 873.79

  应交税费——应交增值税（进项税额） 29 126.21

  贷：预付账款   1 000 000.00

6. 应收利息

应收利息是指企业因投资债券而应收取的利息，包括购入债券的价款中已到付息期但尚未领取的债券利息和分期付息到期还本的债券在持有期间产生的利息，不包括企业购入到期一次还本付息的长期债券应收取的利息。如果企业购入的是分期付息到期还本的债券，在会计结算日，企业按购买的债券面额以及所记载的利率计提其债券应收利息。

7. 应收股利

应收股利又称为应收股息，是企业因进行股权投资而发生并应收取的现金股利及进行债权投资而发生应收取的利息和应收其他单位的利润，包括企业购入股票实际支付的款项中所包括的已宣告发放但尚未领取的现金股利和企业因对外投资应分得的现金股利或利润等，但不包括应收的股票股利。

8. 其他应收款

其他应收款是指企业除应收票据、应收账款、预付账款、应收股利和应收利息以外的其他各种应收及暂付款项。本科目期末余额通常在借方，反映企业尚未收回的其他应收款，其核算的主要内容包括以下几点。

- ◆ 应收的各种赔款、罚款，如因企业财产等遭受意外损失而应向有关保险公司收取的赔款。
- ◆ 应收出租包装物的租金。
- ◆ 应向职工收取的各种垫付款项，如为职工垫付的水电费、应由职工负担的医药费、房租费，职工的借款等。
- ◆ 存出保证金，如租入包装物支付的押金，向供应商支付的货款保证金等。
- ◆ 其他各种应收、暂付款项。

9. 存货

存货是指企业在日常经营活动中拥有的，以期销售的产成品或者已投放于市场但未出售的商品、处于生产过程中的在产品以及生产产品耗用的原材料或日常活动所需的物料等，包括各类材料、在产品、半成品、产成品或库存商品以及包装物、低值易耗品、委托加工物资等。

- ◆ 存货的分类

存货按照不同的标准划分有不同的分类，如果按其经济内容分类，可分为如下类型。

原材料。它是指企业在生产过程中经加工改变其形态或性质并构成产品主要实体的各种原料及主要材料、辅助材料、燃料、修理用备料、包装材料和外购半成品等。

在产品。它是指在企业尚未加工完成，需要进一步加工且正在加工的在制品。

半成品。它是指企业已完成一定生产过程的加工任务，已验收合格并入库，但需要进一步加工的中间产品。

产成品。它是指企业已完成全部生产过程并验收合格入库，可以按照合同规定的条件送交订货单位，或可以作为商品对外销售的产品。

库存商品。它是指商品流通企业外购或委托加工完成并验收入库用于销售的各种商品。

周转材料。它是指企业能够多次使用、逐渐转移其价值但仍保持原有形态，不确认为固定资产的材料，如包装物和低值易耗品。

委托代销商品。它是指企业委托其他单位代销的商品。

◆ 存货发出的计价方法

先进先出法。先进先出法是指以"先入库的存货先发出"为前提来假定成本的流转顺序，对发出及结存存货进行计价的一种方法。通俗地讲，就是先购进的存货，先发出，以此计算发出的成本，结转余下存货的金额。

月末一次加权平均法。加权平均法是以本月全部收入数量加月初存货数量作为权数，去除本月全部收货成本加月初存货成本的和，先计算出本月存货的加权平均单位成本，然后再计算本月发出存货成本及月末库存存货成本的一种方法。计算公式如下。

存货加权单位成本＝[月初结存存货实际成本＋本月购入存货实际成本]÷[月初结存存货数量＋本月购入存货数量]

本月发出存货成本＝本月发出存货数量×加权存货单位成本

月末库存存货成本＝月末库存存货数量×加权存货单位成本

【实账处理】——甲公司加权平均法计价成本账务处理

甲公司为不锈钢生产企业，发出存货采用加权平均法计价。2019年6月初不锈钢数量为40吨，单价为3 600元/吨，本月一次性购入数量为60吨，单价为4 000元/吨，本月生产领用70吨，问：本月发出存货成本为多少？月末库存存货成本为多少？

根据存货加权平均单位成本 =[月初结存存货实际成本 + 本月购入存货实际成本]÷[月初结存存货数量 + 本月购入存货数量] 可知，其存货单位成本 =（3 600×40+4 000×60）÷（40+60）=3 840（元 / 吨）。

本月发出存货成本 =3 840×70=268 800（元）

月末库存存货成本 =3 840×（40+60-70）=115 200（元）

移动加权平均法。移动平均法是指在月初存货的基础上，每入库一批存货都要根据新的库存存货数量和总成本重新计算一个新的加权平均单价，并据以计算发出存货及结存存货实际成本的一种计价方法。计算公式如下。

存货单位成本 =[原结存存货成本 + 本次入库存货成本]÷[原结存存货数量 + 本次入库存货数量]

本次发出存货成本 = 本次发出存货数量 × 本次发货前单位成本

本次发出后结存存货成本 = 本次发出后结存存货数量 × 本月月末存货单位成本

【实账处理】——乙公司移动平均法计价成本账务处理

乙公司发出存货采用移动平均法计价，2019 年 5 月初库存原材料 30 吨，单价 1 200 元 / 吨，5 月 10 日乙公司向其供应商购进原材料 20 吨，购进单价 1 100 元 / 吨，5 月 12 日生产车间领用原材料 35 吨，5 月 20 日再购进原材料 10 吨，购进单价 1 250 元，问：本月发出原材料成本为多少？月末库存原材料成本为多少？

5 月 10 日购进原材料后存货单位成本为：

（30×1 200+20×1 100）÷（30+20）=1 160（元）

5 月 12 日领用原材料的成本为：

35×1 160=40 600（元）

5 月 12 日剩余原材料的成本为：

1 160×（30+20-35）=17 400（元）

5 月 20 日购进原材料后的成本，即月末库存原材料总成本为：

17 400+1 250×10=29 900（元）

个别计价法。个别计价法是假定企业存货的成本流转与实物流转一致，按照各种存货的种类不同，逐一辨认购进存货的发出和期末库存的购进批次，以及企业生产产品发出和期末库存的生产批次，分别按其购入或生产时所确定的单位成本作为计算各批发出存货成本和期末存货成本的方法。

10. 持有待售的资产

持有待售资产为最新会计准则中资产负债表新增的科目，其目的是反映资产负债表日划分为持有待售类别的处置中的流动资产和非流动资产的账面价值，包括固定资产、无形资产、长期股权投资等，不包括金融资产和递延所得税资产。

11. 一年内到期的非流动资产

一年内到期的非流动资产是指一年内到期的持有至到期投资、长期待摊费用和一年内可收回的长期应收款。该科目应根据有关科目的期末余额填列。

12. 其他流动资产

其他流动资产指除了以上所介绍的流动资产之外的可以流动的其他资产。

流动资产是企业经营活动的血液，是促进企业循环发展的重要动力，管理者要严格监控企业流动资产的状况，促进企业经营健康发展。

2.4.2　固定资产是非流动资产

固定资产是企业的劳动手段，是企业赖以生产经营的主要资产，对企业的发展壮大具有无可比拟的作用，是企业资产的重要组成部分。那么，固定资产是不是非流动资产呢？

可以肯定地告诉大家，固定资产是非流动资产，它是指企业为生产产品、提供劳务、出租或者经营管理而持有的，使用时间超过 12 个月的，价值达到一定标准的非货币性资产。固定资产价值的规定会因企业不同而不同，有的企业核算以 1 000 元价值为限，有的企业以 5 000 元为限，与企业财务核算方法、企业规模有关系，因企业发展而不同。如图 2-9 所示的是固定资产的一般结构。

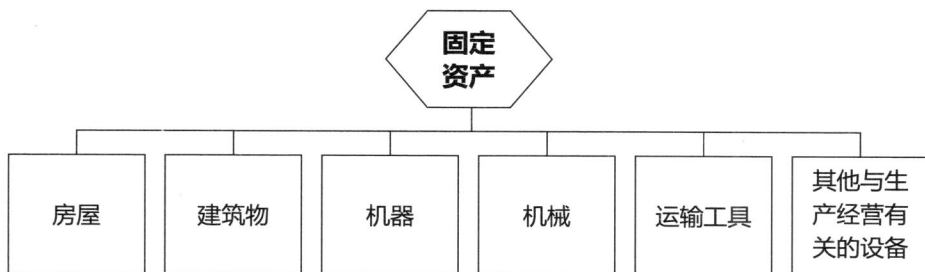

图 2-9　固定资产示意图

固定资产中的房屋一般是指企业生产使用的厂房，办公使用的办公楼、用于职工宿舍的住宿楼以及科技研发的科研楼等，是企业的重要不动产形式。

建筑物一般包括企业修建的装饰雕像、停车库等；机器包括企业用于一线产品生产的机器设备，也包括用于产品研发的设备和其他办公管理使用的机器设备等；机械指企业的包装机、运输机等机械设备；运输工具包括企业使用的办公汽车、销售送货的货车等；扣除以上固定资产以外的是其他与经营活动相关的设备、器具、工具等。

固定资产对企业生产成本的反映主要通过固定资产的折旧进行体现，固定资产折旧是固定资产的重要环节，下面对固定资产的折旧方法进行介绍。

1. 平均年限折旧

计算公式如下。

月折旧率 =（1- 残值率）÷ 预计使用月份

月折旧额 = 月折旧率 × 原值 =（原值 - 残值）÷ 预计使用月份

残值 = 原值 × 残值率

可以看出，平均年限折旧法与 3 个参数相关：原值、残值（或残值率）和预计使用月份。折旧的多少与"累计折旧""已计提月份（已计提月份小于预计月份时）"无关。

【实账处理】——乙公司平均年限折旧法的账务处理

乙公司固定资产采用年限平均法计提折旧，已知公司购进不需要安装的生产机器设备一批，乙公司为一般纳税人企业，银行存款购买支付价款300万元，取得税率为13%的增值税专用发票，销货方将机器设备运送到乙公司指定地点，该批机器设备预计使用年限为10年，残值率为3%，乙公司每月固定资产折旧数为多少？

购进固定资产涉及的会计分录。

借：固定资产——机器设备　　　　　　　　　2 654 867.26

　　应交税费——应交增值税（进项税额）　　345 132.74

　　贷：银行存款　　　　　　　　　　　　　3 000 000.00

即乙公司购进该批固定资产的原值为2 654 867.26元，其月折旧数为：

（2 654 867.26−2 654 867.26×3%）÷10÷12=21 460.18（元）

2. 年数总和法

年数总和法是将固定资产的原值减去残值后的净额乘以一个逐年递减的分数，计算每年的折旧额。计算公式如下。

年折旧率=（折旧年限−已使用年数）÷[折旧年限×（折旧年限+1）÷2]

年折旧额=（固定资产原值−预计净残值）×年折旧率

月折旧额=年折旧额÷12

【实账处理】——年数总和法的账务处理

乙公司固定资产采用年数总和法计提折旧，已知乙公司购进不需要安装的生产机器设备一批，设备入账公司固定资产，已知该批生产设备入账原值为200万元，该批机器设备预计使用年限为5年，无残值，问：乙公司第2年和第4年的固定资产折旧数为多少？

①依据年数总和法的计算公式，第2年的年折旧率为：

（5−1）÷[5×（5+1）÷2]=4/15

折旧额＝（200−0）×4/15=53.33（万元）

依据年数总和法的计算公式，第4年的年折旧率为：

（5−3）÷[5×（5+1）÷2]=2/15

折旧额＝（200−0）×2/15=26.67（万元）

可以看出每年的折旧额不相同，使用年限越长，折旧额越小。

3. 双倍余额递减法

双倍余额递减法是在不考虑固定资产残值的情况下，按双倍直线折旧率和固定资产净值来计算折旧的方法。计算公式如下。

年折旧率＝2÷折旧年限

月折旧率＝年折旧率÷12

月折旧额＝固定资产账面净值×月折旧率

注意：采用此法，应当在其固定资产折旧年限到期前两年内，将固定资产净值扣除预计净残值后的净额平均摊销。

4. 工作量法

工作量法是根据实际工作量计提折旧额的一种方法，计算公式如下。

单位工作量折旧额＝（固定资产原值−预计净残值）÷规定的总工作量

某项固定资产月折旧额＝该项固定资产当月工作量×单位工作量折旧额

固定资产属于非流动资产，是企业维持正常生产经营所必备的，是企业经营发展的重要战略资源，具有重大的意义与作用。

2.4.3 哪些债务算短期负债

都说有资产就会有负债，企业的负债有流动负债和非流动负债，那么到底哪些债务才算是短期负债呢？

短期负债是指偿还期限在一年（包括一年）或者不足一年的一个营业周

期内的债务,包括短期借款,应付票据、应付账款、预收账款、应付职工薪酬等。下面将对短期负债的各个项目进行一一解剖说明。

1. 短期借款

短期借款是企业从银行或者其他金融机构借入的偿还期限在一年以内的借款。

【实账处理】——短期借款账务处理

某公司于 2019 年 5 月 1 日向银行借入 100 万元,期限 9 个月,年利率 5%,该借款的利息按季支付,本金到期归还。有关处理如下。

① 2019 年 5 月 1 日借入款项时:

借:银行存款　　　　　　　　1 000 000.00

　　贷:短期借款　　　　　　　　1 000 000.00

② 6 月 1 日计提 5 月 1~31 日的利息。

1 000 000×5%÷360×31＝4 305.56(元)

借:财务费用　　　　　　　　4 305.56

　　贷:应付利息　　　　　　　　4 305.56

特别说明,在实际的银行贷款业务中,利息的计算天数是以 360 天为统一的计息时间数。

7 月和 8 月计提利息的方法同上。

③支付第一季度利息时:

借:财务费用　　　　　　　　4 305.56

　　应付利息　　　　　　　　8 472.22

　　　贷:银行存款　　　　　　　12 777.78

④本金到期归还时:

借:短期借款　　　　　　　　1 000 000.00

　　贷:银行存款　　　　　　　　1 000 000.00

2. 衍生金融负债

衍生金融负债是由衍生金融工具演化而来。企业拥有衍生金融工具，如期货、远期合约等，在资产负债表日，其公允价值为负数，则产生衍生金融负债。投资性企业可能会涉及。

3. 应付票据

应付票据是指企业在商品购销活动中或支付工程价款时采用商业汇票方式结算产生的，由出票人出票，委托付款人在指定日期无条件支付确定的金额给收款人或者票据的持票人，它包括商业承兑汇票和银行承兑汇票。在我国，商业汇票的付款期限最长为 6 个月。

应付票据经过出票承兑以后，应借记"库存商品"和"应付账款"等科目，贷记"应付票据"科目。

【实账处理】——应付票据账务处理

某企业购入不锈钢 60 吨，每吨 1 200 元，按合同开出 4 个月无息商业承兑汇票，支付购货款。前期欠款水泥货款 50 000 元现以一张为期两个月的无息商业承兑汇票付款。根据开出的商业承兑汇票编制会计分录如下。

借：库存商品——不锈钢　　　　　　72 000.00

　　应付账款——水泥　　　　　　　50 000.00

　　贷：应付票据　　　　　　　　　　　122 000.00

两个月到期归还水泥货款，根据付款凭证，编制会计分录如下。

借：应付票据　　　　　　　　　　　50 000.00

　　贷：银行存款　　　　　　　　　　50 000.00

4. 应付账款

应付账款通常是指因购买材料、商品或接受劳务供应等发生的债务，这是买卖双方在购销活动中由于取得物资与支付贷款在时间上不一致而产生的负债。

公司购入材料、商品等验收入库，但货款尚未支付，根据有关凭证（发票账单、随货同行发票上记载的实际价款或暂估价值），借记"原材料""库存商品""应交税费——应交增值税（进项税额）"等科目，贷记"应付账款"科目；企业接受供应单位提供劳务而发生的应付但尚未支付的款项，应根据供应单位的发票账单，借记"制造费用""管理费用"等有关成本费用科目，贷记"应付账款"科目。企业偿付应付账款时，借记"应付账款"科目，贷记"银行存款""应付票据"等科目。

企业的应付账款因对方单位发生变故确实无法支付时，报经有关部门批准后，可视同企业经营业务以外的一项额外收入，借记"应付账款"科目，贷记"营业外收入"科目。

【实账处理】——应付账款账务处理

某企业 2019 年 5 月购入原材料一批，合计价款 109 万元，材料已验收入库，收到供应商开具的税率为 9% 的增值税专用发票一张，货款未支付。2019 年 6 月用银行存款一次性支付未付货款，该公司此业务处理如下。

① 2019 年 5 月购入原材料，收到购货发票时：

借：原材料　　　　　　　　　　　　　　　1 000 000.00

　　应交税费——应交增值税（进项税额）　　90 000.00

　　　贷：应付账款——×× 供应商　　　　　　1 090 000.00

② 2019 年 6 月支付货款时。

借：应付账款——×× 供应商　　　　　　1 090 000.00

　　　贷：银行存款　　　　　　　　　　　　1 090 000.00

5. 预收账款

预收账款是指企业向购货方预收的购货订金或部分货款，预收账款是以买卖双方协议或合同为依据，由购货方预先支付一部分（或全部）货款给供应方而发生的一项负债，在所购买货物或者劳务实际销售给买方后，冲减预收账款。企业在收到这笔钱时，商品或劳务的销售合同尚未履行，因而不能作为收入入账，只能确认为一项负债，即贷记"预收账款"账户，也可称为"先收钱后服务"。企业按合同规定提供商品或劳务后，再根据合同的履行情况，逐期将未实现收入转成已实现收入，即借记"预收账款"账户，贷记有关收入账户。

预收账款有如下几点异常提示。

◆ 长期大额挂账借方余额，有资本不实、抽逃资金或求人垫资、虚假出资的嫌疑。

◆ 长期大额挂账借方余额，有被人挪用资金、私设小金库或账外经营嫌疑。

◆ 长期挂账借方余额，有已出现相关经济纠纷或已成事实坏账损失可能。

◆ 长期挂账借方余额，有虚开发票无款进账或有已收回未入账款项被挪用嫌疑。

◆ 长期挂账贷方余额，有隐匿收入偷税漏税或出借银行账户代人进账的嫌疑。

◆ 长期挂账借贷方余额，有在预收应收或其他往来科目双户挂账串户嫌疑。

6. 应付职工薪酬

应付职工薪酬是企业根据有关规定应付给职工的各种薪酬，主要包括以下 8 个方面。

◆ 职工工资、奖金、津贴和补贴。

◆ 职工福利费。

◆ 医疗保险费、养老保险费、失业保险费、工伤保险费和生育保险费等社会保险费。

◆ 住房公积金。

◆ 工会经费和职工教育经费。

◆ 非货币性福利；这是指企业以自产产品或外购商品发放给职工作为福利，或者向职工提供企业一定补贴的商品或服务等。

◆ 因解除与职工的劳动关系给予的补偿。

◆ 其他与获得职工提供的服务相关的支出。

7. 应交税费

应交税费是指企业根据一定时期内的经营活动中取得的营业收入、实现的利润等，按照现行税法规定，采用一定的计税方法计提的应交纳的各种税费。主要包括企业依法缴纳的增值税、企业所得税、消费税、资源税、土地增值税、城市维护建设税、房产税、城镇土地使用税、教育费附加、印花税等税费，以及由企业代收代缴的个人所得税。

土地使用税、房产税、印花税和城市维护建设税、教育费附加等税目一样，通过"税金及附加"核算。计提时的主要分录如下。

借：税金及附加——具体税目

　　贷：应交税费——具体税目

【实账处理】——应交税费账务处理

某企业为一般纳税人，适用增值税率为 13%。2019 年 6 月销售收入 113 万元，本月无认证抵扣的增值税进项，上期也无留抵增值税进项税额，本月计提缴纳印花税 5 000 元，问：该企业本期缴纳增值税及印花税的相关会计处理是怎样的？

①缴纳增值税额 =1 130 000÷（1+13%）×13%=130 000（元）

借：应交税费——已交增值税　　　　　130 000.00

　　贷：银行存款　　　　　　　　　　　　130 000.00

②计提印花税时：

借：税金及附加——应交印花税　　　　　5 000.00

　　贷：应交税费——应交印花税　　　　　　5 000.00

③缴纳印花税时：

借：应交税费——应交印花税　　　　　　5 000.00

　　贷：银行存款　　　　　　　　　　　　　5 000.00

8. 应付利息

应付利息是指企业按照合同约定应支付的利息，包括吸收存款、分期付息到期还本的长期借款以及企业债券等应支付的利息。

本科目可按存款人或债权人进行明细核算。应付利息与应计利息的区别：应付利息属于借款，应计利息属于企业存款。

【实账处理】——应付利息账务处理

甲股份有限公司于 2019 年 5 月 1 日向银行借入一笔生产经营用短期借款，共计 400 000 元，期限为 9 个月，年利率为 9%，根据与银行签署的借款协议，该项借款的本金到期后一次归还，利息分月预提，按季支付。甲股份有限公司的有关会计处理如下。

① 5 月 1 日借入短期借款时：

借：银行存款　　　　　　400 000.00

　　贷：短期借款　　　　　　400 000.00

② 5 月末，计提 5 月份应付利息时：

借：财务费用　　　　　　3 100.00

　　贷：应付利息　　　　　　3 100.00

本月应计提的利息金额 =400 000×9%÷360×31=3 100（元）

6 月末计提 6 月份利息费用的处理与 5 月份相同。

③ 7 月末支付第一季度银行借款利息时。

借：应付利息　　　　　　6 100.00

　　财务费用　　　　　　3 100.00

　　贷：银行存款　　　　　　9 200.00

9. 应付股利

应付股利是指企业应付给投资者的扣除企业各项费用及税费的净利润，包括应付国家、其他单位以及个人的投资利润，主要是体现投资者参与公司股利分红。

10. 其他应付款

其他应付款是指与企业的主营业务没有直接关系的应付、暂收其他单位或个人的款项，如应付租入的固定资产和包装物的租金、存入保证金、应付统筹退休金、职工未按期领取的工资等。

【实账处理】——某企业其他应付款账务处理

某公司以经营性租赁方式租入办公大楼一幢，按租赁合同规定，每月租金于次月底支付，本月计提应付租金 5 500 元。应编制会计分录如下。

借：管理费用　　　　　　　　　　　5 500.00

　　贷：其他应付款——应付租金　　　　　5 500.00

次月通过银行转账支付应付租金，会计分录如下。

借：其他应付款——应付租金　　　　　5 500.00

　　贷：银行存款　　　　　　　　　　5 500.00

应付账款与其他应付款的区别是应付账款一般应在与所购买物资所有权相关的主要风险和报酬已经转移，或者所购买的劳务已经接受时确认，应按债权人设置明细科目进行明细核算。

而其他应付款是指企业除应付票据、应付账款、预收账款、应付职工薪酬、应交税费、应付股利等经营活动以外的其他各项应付、暂收款项。

2.4.4　长期负债有多"长"

长期负债重在于"长期"二字，我们不禁会问，何为长期？长期负债又会有多长呢？是否长期负债就是对企业发展不好的？本节内容会让我们对长期负债有一个更清晰的认识。

长期负债也叫非流动负债，是指偿还期在一年或一个营业周期以上的债务，主要有长期借款、应付债券和长期应付款等。

1. 长期借款

长期借款是指企业向银行或其他金融机构借入的偿还期限在一年以上（不含一年）或超过一年的一个营业周期以上的各项借款。它可以弥补企业流动资金的不足，可以为企业带来获利的机会。

特别值得一提的是，如果长期借款用于企业的固定资产，其发生的利息费用在固定资产达到预定可使用状态之前，计入固定资产的原值中，予以资本化；而在其达到预定可使用状态之后，长期借款发生的利息费用直接计入当期损益，予以费用化。

【实账处理】——某企业借入长期借款账务处理

某企业为建造一幢厂房，2018 年 1 月 1 日借入期限为两年的长期借款 1 000 000 元，此借款已存入银行。借款利率为 10%，每年付息一次，期满后一次还清本金。2018 年年初，以银行存款方式支付工程价款共计 600 000 元，2019 年年初又以银行存款支付工程价款 400 000 元。该厂房于 2019 年 8 月底完工，交付使用，并办理了竣工决算手续。根据上述业务编制有关会计分录如下。

① 2018 年 1 月 1 日，取得借款时：

借：银行存款　　　　　　　　1 000 000.00

　　贷：长期借款　　　　　　　　　1 000 000.00

② 2018 年年初，支付工程款时：

借：在建工程　　　　　　　　600 000.00

　　贷：银行存款　　　　　　　　　600 000.00

③ 2018 年 12 月 30 日，计算 2018 年应计利息时：

借款利息 =1 000 000×10%=100 000（元）

资本化利息 =600 000×10%=60 000（元）

借：在建工程　　　　　　　　60 000.00

　　财务费用　　　　　　　　40 000.00

　　贷：应付利息　　　　　　　　　100 000.00

④ 2018 年 12 月 31 日支付借款利息时：

借：应付利息　　　　　　　100 000.00

　　贷：银行存款　　　　　　　100 000.00

⑤ 2019 年年初又支付工程款时：

借：在建工程　　　　　　　400 000.00

　　贷：银行存款　　　　　　　400 000.00

⑥ 2019 年竣工前的应付利息和会计分录如下：

（1 000 000 × 10% ÷ 12）× 8=66 666.679（元）

借：在建工程　　　　　　　66 666.67

　　贷：应付利息　　　　　　　66 666.67

⑦资产完工交付使用时：

固定资产 =600 000+60 000+400 000+66 666.67=1 126 000.67（元）

借：固定资产　　　　　　　1 126 666.67

　　贷：在建工程　　　　　　　1 126 666.67

⑧ 2019 年 9 月，资产办理竣工决算后，按月预提借款利息。

（1 000 000 × 10% ÷ 12）=8 333.33

借：财务费用　　　　　　　8 333.33

　　贷：应付利息　　　　　　　8 333.33

2019 年 10 月、11 月、12 月按月预提借款利息的会计分录同 9 月一致。

⑨ 2018 年 1 月 1 日到期还本时：

借：长期借款　　　　　　　1 000 000.00

　　贷：银行存款　　　　　　　1 000 000.00

对于长期借款的利息的计算，有单利和复利两种方法，单利的计算公式如下所示。

借款本利和 = 本金 + 本金 × 利率 × 期数

复利是指不仅按本金计算利息，对尚未支付的利息也要计算应付利息，即所谓的"利滚利"，目前在我国长期借款的利息计算一般为单利。

【实账处理】——长期借款两种不同利息的计算

某企业为扩大生产厂房，于 2018 年年初向银行借入长期借款 500 万元，借款合同规定，借款年利率为 10%，5 年到期，每年计息一次，到期一次还本付息，则相关计算如下所示。

按单利计算，5 年的本利和为：

5 000 000+5 000 000×10%×5=7 500 000（元）

按复利计算，5 年的本利和为：

$5\ 000\ 000×（1+10\%）^5=8\ 052\ 550$（元）

2. 应付债券

应付债券是指企业依照法定程序发行，约定在一定期限内还本付息的有价证券，是企业筹集长期资金的一种重要方式。企业发行债券的价格受银行存款利率的影响较大，一般分为按面值发行、溢价发行和折价发行。企业在设置该科目进行核算时，一并在该科目下设置"债券面值""债券溢价""债券折价"和"应计利息"等二级明细科目，用于核算应付债券的发行、利息和还本付息的情况。

3. 长期应付款

长期应付款是指除了长期借款和应付债券以外的其他多种长期应付款，主要有应付补偿贸易引进设备款、采用分期付款方式购入固定资产和无形资产发生的应付账款、应付融资租入固定资产租赁费等。补偿贸易方式引进国外设备和融资租入固定资产，一般情况下，是固定资产使用在前，款项支付在后。但补偿贸易引进国外设备和融资租入固定资产在尚未偿还价款或尚未支付完租赁费用前，也就必然形成企业的一项长期负债。

【实账处理】——企业长期应付款账务处理

2019 年年初，某企业采用补偿贸易方式引进一套设备，该设备价款为

1 000 000 美元，随同设备一起进口的零配件价款为 50 000 美元，支付的国外运杂费为 2 000 美元，另以人民币支付进口关税 111 500 元，国内运杂费为 2 000 元，安装费为 22 000 元。设备在一周内即安装完毕，引进设备当日美元汇率为 8.8 元 / 美元。

①引入设备时：

借：在建工程	8 817 600.00
原材料——零配件	440 000.00
贷：长期应付款——应付引进设备款	9 257 600.00

②支付进口关税、国内运杂费和设备安装费时：

支付金额 =111 500+2 000+22 000=135 500（元）

借：在建工程	135 500.00
贷：银行存款	135 500.00

③将安装完毕的设备及进口工具和零配件交付使用时：

固定资产 =8 817 600+135 500=8 953 100（元）

借：固定资产	8 953 100.00
贷：在建工程	8 953 100.00

②如果以引进设备所生产的产品的销售收入 100 000 美元归还设备款时，应编制会计分录如下。（假设当日汇率为 8.9 人民币 / 美元）

借：长期应付款——应付引进设备	890 000.00
贷：银行存款	890 000.00

4. 专项应付款

专项应付款指企业接受的政府拨入的具有专门用途的款项，比如拨付于高科技企业用于专项科技技术研发的款项、科技性生产线的建设款等。其特点是专款专用，企业在收到政府拨付的专项款时，借记"银行存款"，贷记"专项应付款——某项目"；在该项目发生支付时借记"专项应付款——某项目"，贷记"银行存款"。

5. 预计负债

预计负债是指根据或有事项等相关准则确认的各项预计负债，包括对外提供担保、未决诉讼、产品质量保证、重组义务以及固定资产和矿区权益弃置义务等产生的预计负债。

6. 递延收益

递延收益是指尚待确认的收入或收益，也可以说是暂时未确认的收益。在最新会计准则中规定，与资产相关的政府补助应当冲减相关资产的账面价值或者企业确认入账递延收益。而与资产相关的政府补助被企业确定为递延收益的，应当在相关资产使用寿命内按照合理、系统的方法分期计入损益。即按照使用年限，分期摊销递延收益所载明的数额。而相关资产在使用寿命结束前被出售、转让、报废或发生毁损的，应当将尚未分配的相关递延收益余额转入资产处置当期的损益。

7. 递延所得税负债

递延所得税负债是指根据应税暂时性差异计算的未来期间应付所得税的金额。

8. 其他非流动负债

其他非流动负债是指除了以上介绍的非流动负债之外的非流动负债。

长期负债是企业负债的另一种形式，能够帮助企业筹集生产经营所需资金，是企业经营再扩大的有效杠杆。

2.4.5 怎么看资产上蹿下跳

资产是企业的生命，其重要性对企业而言不言而喻，企业的资产会随着经营发展不断变化，那么，一个企业的资产变化对企业有什么影响呢？

◆ 什么引起资产的增减变化

资产负债表各科目之间的逻辑变化非常紧密，一个科目的变动必然会引发另一个对应科目的变动，资产的增减变化是由负债的增减和所有者权益的增减变化引发的，比如企业因市场前景状况较好，出于扩大再生产的目的，从银行借入款项投入生产厂房的建设，那么在其他情况不改变的前提下，企业的负债会增加，相对应的资产也会增加。也可能是投资者追加投资或吸收更多外来投资引起实收资本增加，相对地也会引发资产项目的增加。同理，资产项目的减少也会是相对应的情况。

◆ 资产变动怎么看

资产的增减都是企业经营状况的反映，但是否资产只要增加就是好的，减少就是不利的呢？是否企业的资产越多就越好呢？答案显然是否定的，任何事都有一个度，并非是变动幅度越大越好，资产在合理的变动范围内，可以盘活企业的经营周期，激发企业的经营活力，从而促进企业增加收益，使企业的经营进入一个良好的循环周期，提升企业的市场竞争力。但不正常的、跳跃式的资产变动，如某一个时段的变化幅度特别大，要么是该企业的经营受周期性或季节性等因素变化特别明显，如生产冬装的生产企业，冬天是销售旺季，资产的变化就会比淡季明显；要么就是企业经营的一个不良反应，可能会是决策的失败导致业务迅速萎缩，从而引起资产的变化幅度特别明显。因而，看资产的变动，可以看出企业方方面面的问题，可对企业的各项状况进行全面的考察。

资产的上蹿下跳是企业正常的经营现象，要仔细认真分析其引起的缘由，对症下药，反思检讨，为企业制定更好的发展决策提供依据，促使其进步和壮大。

手把手
教你读懂财务报表

3

企业的面子：利润表

任何企业的经营活动都是对利润的追求，利润的获取是企业发展的原动力，经营活动中收入是企业最重要的利润来源，也是企业对外的"面子"，一个企业的效益好不好，利润表可以告诉我们一些答案。

【本章要点】
主营业务收入如何来
营业成本影响下的销售毛利
营业费用等同于营业成本吗
营业利润和净利润
从利润表能读到企业哪些信息

利润表是反映企业在一定会计期间的经营成果的财务报表，全面揭示了在某一特定时期实现的各种收入、发生的各种费用、成本或支出，以及企业实现的利润或发生的亏损情况。而在利润表的编制过程中，总是遵循着如下所示的恒等式。

利润 = 收入 - 费用

利润表是企业经营资金动态表现的财务报表，是企业经营成果的体现。利润表最常见的模板见本书第 1 章图 1-2 所示。

3.1
主营业务收入如何来

一个企业就好比一个家庭，要有日常的收入来源，才能维持生存，才能持续经营，才能谈企业的发展。企业在取得与其经营活动相关的收入时，给予其"主营业务收入"的称谓。那么，企业的主营业务收入如何而来呢？

3.1.1　企业的主要经济活动来源——营业收入

营业收入是从事主营业务所取得的收入，它来源于企业主要经济活动，指在一定时期内，商业企业销售商品或提供劳务所获得的货币收入。不同行业的主要经济活动各不相同，取得的营业收入的来源也不一样，比如商业企业的商品销售收入、生产加工企业的产品销售收入、饮食业的饮食品销售收入、服务业的服务收入、仓储企业的仓储收入以及运输企业的运费收入等。

营业收入在实际的业务核算中，包括企业的主营业务收入和其他业务收入。主营业务收入是企业从事本行业生产经营活动所取得的营业收入，它根据各行业企业所从事的不同活动而有所区别，通常是企业营业执照中列举的最主要的经营事项，如工业企业的主营业务收入指"产品销售收入"；建筑企业的主营业务收入指"工程结算收入"；房地产企业的主营业务收入指"房地产经营收入"。其他业务收入是指各类企业主营业务以外的其他日常活动所取得的收入，比如企业销售其剩余原材料及包装物、固定资产出租、无形资产的授权使用等所取得的收入等。

3.1.2 营业收入和企业经营活动关系

营业收入是企业利润形成的源泉，简单来说，企业如果没有营业收入，那么便没有利润，有利润，企业必定有营业收入。营业收入是企业商品价值得到实现的体现，也是企业再生产和经济效益得以实现的根本保证，是事关企业生存与发展的重要支撑。

企业的营业收入是企业经营规模的体现，一般而言，企业经营规模越大，那么其经营收入的规模就会越大。企业经营规模是企业获得营业收入的基础，营业收入的实现是维持企业生产经营规模的必要条件，也是推动其生产经营规模进一步扩大的动力。只有企业的营业收入规模大，资金的周转速度才能加快，企业的经济效益才能提高。企业的发展壮大不仅需要补偿其生产经营活动中的各种耗费，还需要将剩余的资金用来扩大生产。营业收入的实现，一方面使企业耗费的各种人力、物力和财力得以补偿，另一方面为企业提供了积累，有利于企业扩大生产经营规模，提高技术水平。

而企业在生产过程中所投入的各类资金，随着生产经营活动的进行不断地发生消耗和转移，形成成本、费用，最终构成商品价值的一部分。所以企业的生产经营过程同时也是一个耗费过程，要使企业得以持续经营，其经营耗费必须获得及时、足额的补偿，而营业收入是这种补偿的主要资金来源。

企业实现营业收入的过程实际上也是优化资源配置、合理利用资源的过程。企业及时取得营业收入，就会使一定量的资金的周转次数增多或资金周转一次所需的时间减少，从而减少资金占用，节约使用资金。

3.1.3 营业收入如何计算

我们知道，营业收入包括主营业务收入和其他业务收入，因此可以知道营业收入就等于主营业务收入和其他业务收入相加的结果。

首先我们来看企业主营业务收入的计算，它是企业经营主要业务所得到的收入总额，比如商品销售企业的主营业务收入等于其商品销售数量与商品单价的乘积。

但在企业的实际经营过程中，确认企业的主营业务收入总是伴随着一些特殊的情况，例如我们经常提及的销售折扣，在确认企业主营业务收入时，考虑是折扣之前算收入还是折扣之后计算收入呢？下面我们通过一个例子来学习企业主营业务收入的计算和一些特殊情况的处理。

【实账处理】——公司主营业务收入账务处理

某科技有限公司为一般纳税人企业，适用增值税税率为9%。2019年6月销售其研发的产品200件给甲公司，销售单价5 500元。某公司为及早收回资金，在与甲公司签订的销售合同中规定了其现金折扣的条件，即2/10，1/20，n/30（折扣率/付款期限），公司对于现金折扣采用总价法核算。甲公司在10日内以银行存款的方式付清了全部账款。

在此例子中，该公司销售产品的收入做如下账务处理。

① 2019年6月销售研发的产品时：

借：应收账款   1 199 000.00

    贷：主营业务收入   1 100 000.00

        应交税费——应交增值税（销项税额）   99 000.00

② 10日内甲公司付清货款时：

现金折扣 =1 199 000×2%=23 980（元）

借：银行存款   1 175 020.00

    财务费用   23 980.00

    贷：应收账款   1 199 000.00

销售折扣分为商业折扣和现金折扣，商业折扣是指企业按照商品的零售价格开出发票，在此基础上给予买方一定比例的销货折扣；也指售货方在销售货物或应税劳务时，因购货方购买数量较大或购买行为频繁等原因，给予其价格方面的优惠。现金折扣是指企业采用赊销方式销售商品时，为了鼓励购货方在一定期限（信用期）早日偿付货款，往往规定一个短于信用期限的折扣期限，如果购货方在折扣期限内付款，就能得到一定的现金折扣，即从应支付的货款总额中扣除一定比例的金额。

其他业务收入在企业的经营收入中占有的比例较小，发生的频率也不高。来看看具体的账务处理。

【实账处理】——公司其他业务收入账务处理

某公司是一家主营服装生产的企业，2019 年 6 月该公司将一批生产用的原材料让售给乙公司，专用发票列明材料价款 10 000 元，增值税额 1 300 元，共计 11 300 元，另以银行存款代垫运费 1 200 元（运费发票也已转交），材料已经发出，同时收到乙公司银行支付的款项。

①公司垫付运输费时：

借：其他应收款   1 200.00

  贷：银行存款   1 200.00

②开出发票并同时收到款项时：

借：银行存款   12 500.00

  贷：其他应收款   1 200.00

    其他业务收入   10 000.00

    应交税费——应交增值税（销项税额） 1 300.00

【实账处理】——公司营业收入账务处理

甲公司为一般纳税人企业，2019 年 6 月实现主营业务收入 550 万元，其他业务收入（出让生产原材料）15 万元，问：2019 年 6 月甲公司实现营业收入多少？

依据"营业收入 = 主营业务收入 + 其他业务收入"可得：

甲公司 2019 年 6 月实现营业收入额 =550+15=565（万元）

特别值得注意的是，在实际的工作中，我们所说的主营业务收入或其他业务收入都是企业扣除销项税额之后的净额，不包括增值税税额在内。

3.2
营业成本影响下的销售毛利

销售不可能"空手套白狼"，获取收入的同时必定要付出相应的成本，比如生产产品过程中投入的原材料、劳务成本等，销售收入净额扣除其销售成本就是企业的销售毛利。那么，营业成本将如何影响企业的销售毛利呢？

3.2.1　营业成本包含类型及其计算

营业成本是指企业销售商品或者提供劳务所耗费的成本，它是与营业收入直接相关的，已经确定了归属期和归属对象的各种直接费用。营业成本主要包括主营业务成本和其他业务成本。

主营业务成本是企业销售商品、提供劳务等经常性活动所发生的成本，是企业为生产和销售与其主营业务相关的产品与服务所必须投入的直接成本，是相对于企业的主营业务收入而言的，包括生产企业投入的原材料、人工成本等。

其他业务成本是指企业确认的除主营业务活动以外的其他日常经营活动所发生的支出，包括销售材料的成本、出租固定资产的折旧额、出租无形资产的摊销额、出租包装物的成本或摊销额等。

但在企业的实际经营过程中，却非常容易将成本和费用搞混，比如一个工业生产型的企业，在生产的过程中会涉及原材料、半成品、产成品、人工以及配合其生产的其他辅助费用等，这些费用不是所有的费用都计入营业成本的，有的是计入制造费用、销售费用或管理费用等科目中。

例如，创业公司购入 20 000 度电，每度电除税单价 0.5 元，2019 年 6 月消耗电量 10 000 度，其中生产车间用电 8 000 度，管理部门用电 1 000 度，销售部门用电 1 000 度。

一般纳税人而言，用电费用也是可以开具增值税专用发票的，所以在实际的业务处理中，一般纳税人企业收到电费的增值税专用发票时，计入其成本和费用的金额必须是扣除税额的数额。

在此例中，计入生产成本的金额为 $8\,000 \times 0.5 = 4\,000$（元）

管理费用 $= 1\,000 \times 0.5 = 500$（元）

销售费用 $= 1\,000 \times 0.5 = 500$（元）

提示：期间费用和营业费用在实际的做账过程中容易搞混，但我们也只需遵循"谁用就进谁的科目"的原则即可。

营业成本是综合反映企业经营质量的重要指标，也是企业经营决策的重要考量指标之一，其计算公式如下。

营业成本 = 主营业务成本 + 其他业务成本

【实账处理】——公司营业成本账务处理

某公司为一般纳税人企业，2019 年 6 月其主营业务成本费用 200 万元，其他业务成本 30 万元，则其当月营业成本为多少？

依据"营业成本 = 主营业务成本 + 其他业务成本"可知，该公司 2019 年 6 月经营成本金额为：

200+30=230（万元）。

营业成本 & 营业收入的关系——即销售毛利

前面小节我们已经了解了营业收入和营业成本是什么，但是我们一定带有好奇心，营业成本与营业收入之间有没有特定的关系呢？

答案是毋庸置疑的，营业成本和营业收入之间有特定的关联，用一句话来说就是营业收入与营业成本之间的差额即我们经常所说的销售毛利。

3.2.3 销售毛利的计算

销售毛利也称为毛利，它是收入和与其收入相对应的营业成本之间的差额。其计算公式如下所示。

毛利 = 销售收入 - 销售成本 = 主营业务收入 - 主营业务成本

【实账处理】——公司销售毛利账务处理

甲公司为一般纳税人企业，适用增值税税率为13%，2019年6月初进购5 000件衣服用于销售，进购单价为80元一件，售卖单价为100元一件。2019年6月底该批服装全部卖完，则该批次的服装不考虑其他费用前提下的销售毛利为多少？本题中涉及的会计分录处理如下。

① 2019年6月底卖完该批服装时：

借：库存现金　　　　　　　　　　　　　　500 000.00

　　贷：主营业务收入　　　　　　　　　　442 477.88

　　　　应交税费——应交增值税（销项税额）57 522.12

②确认该批服装的进购成本时。

借：主营业务成本　　　　　　　　　　　　353 982.30

　　应交税费——应交增值税（进项税额）　46 017.70

　　贷：银行存款　　　　　　　　　　　　400 000.00

则该批次服装的毛利为：442 477.88－353 982.30＝88 495.58（元）

谈到毛利，那不可避免地就会涉及毛利率，毛利率就是毛利与销售收入（即营业收入）之间的百分比，用公式表示如下。

毛利率＝毛利 ÷ 营业收入 ×100%

　　　　＝（主营业务收入－主营业务成本）÷ 主营业务收入 ×100%

【实账处理】——公司毛利率计算的账务处理

乙公司2019年6月主营业务收入80万元，相对应的主营业务成本为65万元，那么乙公司的毛利率为多少？

依据"毛利率＝毛利 ÷ 营业收入 ×100%＝（主营业务收入－主营业务成本）÷ 主营业务收入 ×100%"可得：毛利率＝（80－65）÷80×100%＝18.75%

我们知道了毛利与毛利率的计算方式，那影响毛利和毛利率大小的因素有哪些呢？来看看下面这些因素。

◆　产品的市场竞争

俗话说"物以稀为贵"，企业的产品在市场上没有，或者同类竞争产品很少，或者企业的产品具有在其质量和使用价值体现上相对于市场同类产品更独特的优势，依据市场经济发展运行的规律，其产品在市场上大多会采用高价策略，这样企业在同等条件下取得的毛利必然会高于其他企业。

◆　企业的营销目的及手段

企业都会针对本企业的产品采取不同的营销手段，不管是打折促销，还是买赠送等都是营销的手段，但因为企业营销目的的不同，企业所采取的营销手段也是不一样的。比如企业为了扩大市场占有率，可能会以较低价格打开市场，而低价格进入市场，则会导致其产品毛利较小；如果企业为了尽快收回资金，则可能会以较高的价格打入市场，再逐渐进行渗透，则会使其产品毛利较大。

◆　企业产品成本的大小

成本是影响企业毛利的另一个关键因素，现代市场经济中，产品的更新速度很快，企业在产品生产、研发等环节采取更加节减成本的方式，同时生产的产品在功能、使用价值及价格上都存在优势，那么其产品获得的毛利也会越大。

◆　企业的品牌效应

市场经济中，不可否认的是，企业的品牌是企业另一张活的招牌。知名的品牌商标，其产品的质量得到市场认可，这类产品的毛利通常也会比较高；而且知名品牌产品不需要企业对其产品投入过多的广告宣传，消费者也会对其产品投入更多的关注度以及意愿购买度。

◆　投入固定成本的大小

企业投入的固定成本主要指固定资产上的投入，如机器设备、厂房，办公设备及办公场所的投入，这些构成固定的成本费用。但从某种角度来说，固定资产投入也反映了企业的进入门槛高低，企业为收回巨额投资成本，也会想办法提高其产品的毛利。

3.3
营业费用等同于营业成本吗

企业经营不仅只有营业成本，还会涉及营业费用。那么，什么是营业费用呢，对比营业成本，营业费用可以和营业成本画等号吗？本节将会与大家一起来探讨营业费用、营业费用与营业成本的区别以及它对营业利润的影响。

3.3.1　营业费用是什么，包括什么费用

营业费用是指企业在销售商品的过程中发生的费用，是与商品的销售活动有关的费用，但不含销售商品本身的成本和劳务成本。旧会计准则下叫营业费用，但在新的会计准则下叫销售费用，即在新会计准则下，销售费用 = 营业费用。营业费用在日常经营中主要是哪些费用呢？如图 3-1 所示。

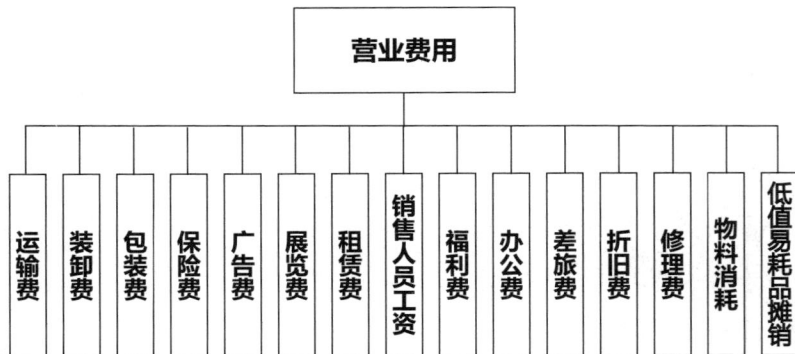

图 3-1　营业费用包含的种类

【实账处理】——公司销售费用的账务处理

乙公司 2018 年 6 月发生的销售费用有运输费 2 000 元，广告费 3 000 元，办公费 1 000 元，以银行存款方式支付。销售部门的工资 5 000 元，以现金支

付。主要会计分录如下。

借：销售费用——运输费		2 000.00
——广告费		3 000.00
——办公费		1 000.00
——销售人员工资工		5 000.00
贷：银行存款		6 000.00
库存现金		5 000.00

说起销售费用，又不可避免地会提及企业的另一核算费用，即企业的管理费用。管理费用是企业行政管理部门为组织和管理生产经营活动而发生的各种费用，包括劳动保险费、差旅费、业务招待费、办公费、折旧费、管理人员工资及福利费、咨询费和董事会费等。特别值得一提的是，根据其他有关规定，房产税、城镇土地使用税、车船使用税、印花税等税费不再在管理费用中进行核算，而通过"税金及附加"科目核算。

【实账处理】——公司管理费用的账务处理

××公司 2018 年 6 月发生业务招待费 2 000 元，办公费 1 000 元，印花税费用 500 元，以银行存款方式支付。主要会计分录如下。

管理费用 = 业务招待费 + 办公费 =2 000+1 000=3 000（元）

借：管理费用	3 000.00
税金及附加	500.00
贷：银行存款	3 500.00

3.3.2 营业费用和营业成本的区别与联系

我们已经知道营业费用和营业成本是两个不同的概念，在日常核算中也经常容易将两个科目混淆，二者月底都需要结转入本年利润，且都没有期末余额存在，但二者还是有区别，主要体现如下。

定义不同：营业成本指公司生产和销售与主营业务有关的产品或服务所

必须投入的直接成本，主要包括原材料、人工成本（工资）和固定资产折旧等；营业费用是企业在销售产品和提供劳务等日常经营过程中发生的各项费用以及专设销售机构的各项经费。

核算的内容不同：营业成本用于核算企业因销售商品、提供劳务或让渡资产使用权等日常活动而发生的实际成本。"营业成本"账户下应按照业务的种类设置明细账，进行明细核算。期末应将本账户的余额转入"本年利润"账户，结转后本账户应无余额；而营业费用科目核算的内容包括运输费、装卸费、包装费、保险费、广告费、展览费、租赁费（不包括融资租赁费）以及为销售本公司商品而专设销售机构的职工工资、福利费、办公费、差旅费、折旧费、修理费、物料消耗和低值易耗品的摊销等。

3.3.3　营业费用如何计算

前面我们已经知道了什么是营业费用，但营业费用如何计算而得来呢？营业费用是销售产品过程中发生的各项费用的总和。例如当期为销售企业产品，发生了相应的广告宣传费、运输费、差旅费、销售人员工资等各项费用，那么其营业费用就是这些费用的合计数。

但要注意的是，营业费用必须要与企业的管理费用区分开来，谨记"谁用入谁的科目"。

【实账处理】——公司营业费用的账务处理

某公司 2018 年 6 月为销售本公司产品，扩大公司产品的市场占有率，销售部门支出广告宣传费 10 万元，销售人员出差差旅费 3 万元，销售部门人员工资 15 万元，以银行存款方式支付。主要会计分录如下。

借：销售费用　　　　280 000.00

贷：银行存款　　　　280 000.00

分录中销售费用 28 万元的组成就是当月的广告宣传费、差旅费及销售人员工资相加而得。

3.3.4 营业费用如何影响营业利润

营业费用是企业利润表的重要构成部分，利润表的各个项目都会对利润产生影响，那么营业费用如何影响营业利润呢？简单来说，营业费用与营业利润是负相关的关系，即在其他利润项目不变的情况下，营业费用增加，则使营业利润下降；相反，营业费用减少，则在其他条件不变的前提下，营业利润增加。下面我们通过如表 3-1 所示的表格来体现它们之间的关系。

表 3-1　营业费用对营业利润影响对比表

项　　　目	当期数	营业费用变化后
一、营业收入	330 000.00	330 000.00
减：营业成本	200 000.00	200 000.00
销售费用	50 000.00	20 000.00
管理费用	50 000.00	50 000.00
二、营业利润（亏损以"–"号填列）	30 000.00	60 000.00

如上表所示，在营业收入、营业成本及管理费用不改变的情况下，营业费用（即销售费用）减少了 3 万元，其营业利润相应增加了 3 万元。

3.4

营业利润和净利润

利润是企业营业的追求，其有营业利润和净利润之分，那么何为营业利润？何为净利润？二者在利润表中扮演什么样的角色呢？

3.4.1 营业利润和净利润的区别

营业利润是指企业从事生产经营活动取得的利润，是企业利润的主要来源。净利润是指企业当期利润总额减去所得税后的金额，即企业的税后利润。

营业利润与净利润的区别如下。

◆ **含义不同**：营业利润是完全与企业经营活动相关而产生的利润，而净利润的产生则还与企业营业之外的收支及税额相关。

◆ **影响因素不同**：对营业利润的影响是企业经营活动中的各相关环节，比如营业收入、营业成本、税金及附加、销售费用、管理费用和财务费用等都会对企业营业利润产生影响；但净利润的大小变化除去以上的影响因素之外，营业外收入与营业外支出、所得税费用等都会影响净利润的大小。

◆ **计算方式不同**：营业利润＝营业收入－营业成本－税金及附加－销售费用－研发费用－管理费用－财务费用－资产减值损失－信用减值损失±公允价值变动损益±投资收益±资产处理收益；净利润＝营业利润＋营业外收入－营业外支出－所得税费用。

3.4.2 营业外收入和营业外支出

营业外收入是企业经营以外的收入，它包括债务重组利得、与企业日常活动无关的政府补助、盘盈利得、捐赠利得等。

【实账处理】——公司营业外收入的账务处理

甲公司于 2018 年 6 月收到乙公司一笔捐赠收入，金额 20 万元。主要会计分录如下。

借：银行存款　　　　　　　　　　200 000.00

　　贷：营业外收入——捐赠利得　　200 000.00

营业外支出反映的是企业发生的日常经营活动以外的支出，包括债务重组损失、公益性捐赠支出、非常损失、盘亏损失以及非流动资产毁损、报废、损失等。

【实账处理】——公司营业外支出的账务处理

甲公司于 2018 年 6 月以银行存款方式向贫困地区捐赠 20 万元。主要会计分录如下。

借：营业外支出   200 000.00

    贷：银行存款   200 000.00

与以前相比，营业外收支的核算内容减少了，不再对出售的固定资产、无形资产的净损益做核算。而出售固定资产、无形资产的净损益记入新科目"资产处置收益"，但固定资产、无形资产毁损或报废的净损益还是记入营业外收支，另外，政府补助如果与企业日常活动相关，也不再记入"营业外收入"，而计入新调整科目"其他收益"。

【实账处理】——公司固定资产处置的账务处理

甲公司有一批过时的电脑需要处理，该批电脑原价值 50 万元，已经计提折旧 40 万元，未计提减值准备。2018 年 6 月将该批电脑卖给二手电脑收购公司，共出售 15 万元，产生运输费用 1 万元。主要会计分录如下。

固定资产清理 = 固定资产 − 累计折旧 =50-40=10（万元）

借：固定资产清理   100 000.00

     累计折旧   400 000.00

    贷：固定资产   500 000.00

借：银行存款   150 000.00

    贷：固定资产清理   150 000.00

借：固定资产清理   10 000.00

    贷：银行存款   10 000.00

借：固定资产清理   40 000.00

    贷：资产处置收益   40 000.00

3.4.3 所得税费用

所得税费用是企业应从当期利润中扣除的应缴纳给国家的一项税费。它的计算公式如下。

所得税费用 = 应纳税所得额 × 所得税税率

企业所得税的税率一般为 25%，但符合条件的小型微利企业减按 20% 的税率征收，国家需要重点扶持的高新技术企业减按 15% 的税率征收。

注意：所得税费用的确认还会涉及递延所得税费用，当期所得税加上递延所得税费用减去递延所得税收益才是所得税费用的确定金额。

【实账处理】——公司所得税费用的账务处理

甲公司 2018 年度的税前会计利润为 1 000 万元，所得税税率为 25%。当年按税法核定的全年计税工资为 200 万元，甲公司全年实发工资为 180 万元。假定甲公司全年无其他纳税调整因素，甲公司递延所得税负债年初数为 40 万元，年末数为 50 万元，递延所得税资产年初数为 25 万元，年末数为 20 万元。甲公司的会计处理如下。

①甲公司所得税费用的计算。

递延所得税费用 =（500 000−400 000）−（200 000−250 000）=150 000（元）

所得税费用 = 当期所得税 + 递延所得税费用

=10 000 000×25%+150 000=2 500 000+150 000=2 650 000（元）

②甲公司会计分录如下。

借：所得税费用　　　　　　　　　　　2 650 000.00

　　贷：应交税费——应交企业所得税　　2 500 000.00

　　　　递延所得税负债　　　　　　　　100 000.00

　　　　递延所得税资产　　　　　　　　　50 000.00

③期末将所得税费用结转入“本年利润”科目。

借：本年利润　　　　　　　　　　　　2 650 000.00

　　贷：所得税费用　　　　　　　　　　2 650 000.00

3.4.4　营业利润如何计算

利润表中首先体现的就是企业的营业利润，我们已经了解到什么是营业林润，那么营业利润如何得来呢？其计算公式已在 3.4.1 节中介绍。下面就来看一个具体的例子，了解营业利润的计算过程。

【实账处理】——公司营业利润的账务处理

甲公司 2018 年 6 月资产负债表日，其营业收入 500 万元，营业成本 410 万元，税金及附加 5 万元，销售费用支出 10 万元，管理费用 20 万元，财务费用 10 万元，当期发生资产减值损失 20 万元，投资收益 5 万元，资产处置收益 3 万元。

我们先通过一个表格来体现 2018 年 6 月甲公司的利润表状况，如表 3-2 所示。

表 3-2　甲公司利润表

利润表

编制单位：甲公司　　　　　　　　2018 年 6 月　　　　　　　　单位：元

项　　　　目	本期数	本年累计
一、营业收入	5 000 000.00	13 000 000.00
减：营业成本	4 100 000.00	200 000.00
税金及附加	50 000.00	500 000.00
销售费用	100 000.00	800 000.00
管理费用	200 000.00	600 000.00
研发费用	0.00	50 000.00
财务费用	100 000.00	58 000.00
其中：利息费用	100 000.00	60 000.00
利息收入	0.00	−2 000
资产减值损失	200 000.00	60 000.00
加：公允价值变动收益（损失以"−"号填列）	0.00	0.00
投资收益（损失以"−"号填列）	50 000.00	200 000.00
其中：对联营企业和合营企业的投资收益	0.00	0.00
资产处置收益（损失"−"号填列）	30 000.00	100 000.00
其他收益	0.00	0.00
二、营业利润（亏损以"−"号填列）	330 000.00	1 103 200.00

从例子和表中，我们可以算出甲公司的当期营业利润为。

营业利润 =500-410-5-10-20-10-20+5+3=33（万元）

3.4.5 净利润如何计算

在讲解净利润的计算之前，我们先了解利润总额，它是企业营业利润与营业外收支相加减之后的数额，其计算公式如下。

利润总额 = 营业利润 + 营业外收入 - 营业外支出

【实账处理】——公司利润总额的账务处理

甲公司 2018 年 6 月获得营业利润 50 万元，当月捐赠收入 10 万元，因扩大宣传提升公司形象，于当月向贫困受灾地区捐赠，支出 5 万元。甲公司收到捐款与捐赠出款项的账务处理为。

借：银行存款　　　　　100 000.00

　　贷：营业外收入　　　　100 000.00

借：营业外支出　　　　50 000.00

　　贷：银行存款　　　　　50 000.00

本月甲公司利润表填列如表 3-3 所示。

表 3-3　甲公司利润表

利润表

编制单位：甲公司　　　　　　　2018 年 6 月　　　　　　　单位：元

项　　　目	本期数	本年累计
二、营业利润（亏损以"-"号填列）	500 000.00	500 000.00
加：营业外收入	100 000.00	100 000.00
减：营业外支出	50 000.00	50 000.00
三、利润总额（亏损以"-"号填列）	550 000.00	550 000.00

利润总额 = 营业利润 + 营业外收入 - 营业外支出

甲公司的利润总额 =50+10-5=55（万元）

净利润是企业的税后利润，是企业经营的最终成果，也是衡量一个企业效益的重要指标，净利润能反应企业经营的好与不好。值得注意的是，只有净利润为正数时，才会进行利润分配，如果为负数，则不需要分配。净利润的计算公式如下所示。

净利润 = 利润总额 – 所得税费用

【实账处理】——公司净利润的账务处理

乙公司 2018 年 6 月获得利润总额 80 万元，当月所得税费用 10 万元，则乙公司 2019 年 6 月净利润为多少呢？

依据"净利润 = 利润总额 – 所得税费用"可得：

乙公司 2018 年 6 月净利润 =80–10=70（万元）

本月乙公司利润表填列如表 3–4 所示。

表 3-4　乙公司利润表

利润表

编制单位：乙公司　　　　　　2018 年 6 月　　　　　　单位：元

项　　　　　目	本期数	本年累计
二、利润总额（亏损以"–"号填列）	800 000.00	800 000.00
减：所得税费用	100 000.00	100 000.00
四、净利润（净亏损以"–"号填列）	700 000.00	700 000.00
（一）持续经营净利润（净亏损以"–"号填列）	700 000.00	700 000.00
（二）终止经营净利润（净亏损以"–"号填列）	0.00	0.00

3.5
从利润表能读到企业哪些信息

利润表是企业财务报表的另一张重要表格，通过利润表，可以反映企业在一定会计期间内的收入、费用、利润的数额和构成情况，全面了解企业的经营成果，分析企业的获利能力及盈利增长趋势，为企业的经济决策提供依据。

3.5.1 了解企业的盈利结构

报表使用者可以从利润表中了解一个企业的盈利结构，其中包括盈利能力。盈利能力是指企业通过经营活动获取利润的能力。企业的盈利能力增强，带来的现金流入量越多，则给予股东的回报越高，偿债能力越强，企业价值越大。如图3-2所示为甲公司2018年6月的利润表。

利 润 表

编制单位：甲公司

会企02表

单位：元

项　　　目	本期数	本年累计
一、营业收入	500,000.00	1,000,000.00
减：营业成本	400,000.00	700,000.00
税金及附加	2,000.00	5,000.00
营业费用	10,000.00	50,000.00
管理费用	7,000.00	20,000.00
研发费用	0.00	20,000.00
财务费用	5,000.00	20,000.00
其中：利息费用	0.00	0.00
利息收入	0.00	0.00
资产减值损失	0.00	0.00
加：公允价值变动收益（损失以"－"号填列）	0.00	0.00
投资收益（损失以"－"号填列）	0.00	0.00
其中：对联营企业和合营企业的投资收益	0.00	0.00
资产处置收益（损失"－"号填列）	0.00	0.00
其他收益	0.00	0.00
二、营业利润（亏损以"－"号填列）	76,000.00	185,000.00
加：营业外收入	－	－
减：营业外支出	－	－
三、利润总额（亏损总额以"－"号填列）	76,000.00	185,000.00
减：所得税费用	－	－
四、净利润（净亏损以"－"号填列）	76,000.00	185,000.00
（一）持续经营净利润（净亏损以"－"号填列）	76,000.00	185,000.00
（二）终止经营净利润（净亏损以"－"号填列）		
五、其他综合收益的税后净额		
（一）以后不能重分类进损益的其他综合收益		
1、重新计量设定受益计划净负债或净资产的变动		
2、权益法下不能转损益的其他综合收益		
……		
（二）以后将重分类进损益的其他综合收益		
1、权益法下在被投资单位以后将重分类进损益的其他综合收益中享有的份额		
2、可供出售金融资产公允价值变动损益		
3、持有至到期投资重分类为可供出售金融资产损益		
4、现金流量套期损益的有效部分		
5、外币财务报表折算差额		
……		
六、综合收益总额		
七、每股收益		
（一）基本每股收益		
（二）稀释每股收益		

图3-2　甲公司利润表

从表中我们可以获取当月甲公司的营业收入，也可获取当年的累计收入，从而推测整个上半年甲公司的平均收入状况，集中反映甲公司当月以及当年的盈利结构。现通常使用的分析和评价企业盈利的指标有：收入毛利率、收入利润率、总资产报酬率、净资产收益率、资产保值增值率等，本章节不对这些指标进行一一阐述，而将会于后面章节详细讲解。

3.5.2　弄清企业的收支结构

阅读利润表可以了解到，净利润是由收入为起点，依次扣除营业税金、成本、期间费用（销售费用、管理费用和财务费用之和），再加上其他业务利润和营业外收支净额后计算得出。因此，构成净利润的各项要素都会对净利润产生影响，所以在分析时要进行不同内容的结构分析，以便分析对利润影响较大的积极或消极因素及这些因素的影响程度。但这其中首先对利润产生影响的就是企业的收支情况，通过利润表，可以一目了然地知道企业的收入及支出情况，从而把控企业的决策方向。如图 3-3 所示的是某公司 2018 年 6 月的利润表。

利　润　表

编制单位：××公司

会企02表
单位：元

项　　目	本期数	本年累计
一、营业收入	628,102.76	4,767,665.08
减：营业成本	527,634.59	4,116,982.17
税金及附加	1,690.15	6,646.15
营业费用	37,011.45	189,265.10
管理费用	17,663.64	102,098.94
研发费用	–	–
财务费用	–	–
其中：利息费用		
利息收入		
资产减值损失		
加：公允价值变动收益（损失以"-"号列填）		
投资收益（损失以"-"号列填）		
其中：对联营企业和合营企业的投资收益		
资产处置收益（损失"-"号列填）		
其他收益		
二、营业利润（亏损以"-"号填列）	44,102.93	352,672.72
加：营业外收入	5,000.00	5,000.00
减：营业外支出	2,000.00	3,000.00
三、利润总额（亏损总额以"-"号填列）	47,102.93	354,672.72

图 3-3　××公司利润收支结构

从图中可以看出该公司各项收入支出的具体数额，其中本月的收入数为 628 102.76 元，本年总收入为 4 767 665.08 元；营业成本支出当月数额为 527 634.59 元，本年累计数为 4 116 982.17 元；税金及附加当月数为 1 690.15 元，本年累计数为 6 646.15 元；也能看出各期间费用及营业外收支的具体数额。考查企业收支结构最主要的指标是收支系数，其计算公式如下。

收支系数＝主营业务收入 ÷ 成本费用（成本＋期间费用）

这个公式表示，每支出 1 元成本费用可以获得多少收入，只要当收支系数大于 1 时，假设其他业务利润和营业外收支为零，表示每支出 1 元成本费用可以获得的收入，说明成本费用与收入的理想结构。当成本费用占收入的比例越低，获利能力越大。

如图 3-3 所示的公司，不考虑其营业外收支，且其当期并未发生其他业务收入以及成本费用，那么其收支系数为：628 102.76÷（527 634.59+1 690.15+37 011.45+17 663.64）=628 102.76÷583 999.83=1.08。

该公司收支系数大于 1，表明其支出 1 元成本费用可以获取 1.08 元的收入。

3.5.3　看懂收入分析

收入是企业经营发展的血液，企业的运转没有收入的入账，那么就无法谈建设与发展，并且利润表的第一个科目就是企业的收入。

收入也是利润表的第一个体现对象。通过利润表，我们可以看懂收入分析。如表 3-5 所示的是甲公司 2018 年 6 月的利润表部分数据。

表 3-5　甲公司利润表

利润表

编制单位：甲公司　　　　　　　　2018 年 6 月　　　　　　　　单位：元

项　　　　　目	本期数	本年累计
一、营业收入	500 000.00	1 500 000.00

从上述利润表可看出当期收入值和本年收入总值，通过简单的计算方法，可得到当期收入占全年收入的比例，如表 3-5 所示的甲公司 2019 年 6 月的收入占全年累计收入的 1/3，结合全年的实际情况，我们可把控当期影响收入的原因，总结经验教训，为后期制定收入的提高发展对策提供依据。在一些特殊的场合和需要下，利润表还会体现本期数与上年同期数的比较与分析。

3.5.4　理清费用分析

企业的运营发展除了收入、成本，还有费用开支，利润表中对各个费用项目的体现也一目了然。读利润表，寻求提高利润的方法，除了要提升企业的收入，控制并减少企业的成本之外，费用的减少也是提高企业利润的办法。读利润表，我们要会从中理清企业费用的支出方向以及费用发生的合理性等。如表3-6所示的是某公司的利润表部分内容。

表3-6　××公司利润表

利润表

编制单位：玉恒公司　　　　　2019年6月　　　　　　　单位：元

项　　　　目	本期数	本年累计
一、营业收入	526 980.67	4 569 552.04
减：营业成本	372 055.03	3 317 778.43
税金及附加	251.00	2 939.00
销售费用	70 355.67	345 815.71
管理费用	55 400.46	271 962.22
研发费用	10 000.00	40 000.00
财务费用	50 000.00	100 000.00
其中：利息费用	50 000.00	100 000.00
利息收入	0.00	0.00

从该公司的利润表中，我们可以看到当期各项费用的支出金额，本年累计支出金额、也能简单看出各项费用大概的占比以及费用支出方向。销售费用和管理费用是该公司重要的费用支出，对比于企业的收入，当期费用的支出明显偏大，影响当期损益。

3.5.5　全面掌握企业的自身发展能力

企业自身发展能力是指通过生产经营活动获得收益的增长，以及用自身形成的资金谋求发展的能力。读利润表，可以全面掌握企业的自身发展能力。一般而言，衡量企业自身发展能力主要从企业的可持续发展能力、盈亏平衡方面等进行分析评判。

可持续发展能力分析主要分析企业业务成长性和持续发展趋势，从利润表的层面一般用收入增长率以及净利润增长率进行分析与预测。

收入增长率 = 报告期收入增加额 ÷ 历史同期收入总额 ×100%

净利润增长率 = 报告期利润增加额 ÷ 历史同期利润总额 ×100%

如表 3-7 所示的是某公司 2018 年的利润表。

表 3-7：×× 公司利润对比表

编制单位：×× 公司　　　　　　　2018 年　　　　　　　单位：元

项　　目	本年累计数	上年累计数	同比增长额	同比增长率
一、营业收入	230 000.00	150 000.00	80 000.00	53.33%
减：营业成本	180 000.00	90 000.00	90 000.00	100.00%
税金及附加	5 000.00	3 000.00	2 000.00	66.67%
销售费用	10 000.00	12 000.00	−2 000.00	−16.67%
管理费用	20 000.00	15 000.00	5 000.00	33.33%
财务费用	5 000.00	4 000.00	1 000.00	25.00%
资产减值损失	1 000.00	500.00	500.00	100.00%
二、营业利润（亏损以"−"填列）	10 000.00	26 000.00	−16 000.00	−61.54%
加：营业外收入	0.00	0.00	0.00	100.00%
减：营业外支出	0.00	10 000.00	−10 000.00	−100.00%
三、利润总额（亏损总额以"−"号填列）	10 000.00	16 000.00	−6 000.00	−37.50%
减：所得税费用	1 000.00	500.00	500.00	100.00%
四、净利润（净亏损以"−"号填列）	9 000.00	15 500.00	−6 500.00	−41.94%

由上表可以看出，2018 年该公司收入增长率为 53.33%，其算法为：收入增长率 = 报告期收入增加额 ÷ 历史同期收入总额 ×100%=80 000 ÷ 150 000 ×100%=53.33%；净利润增长率为 −41.94%，依据净利润增长率 = 报告期利润增加额 ÷ 历史同期利润总额 ×100% 可得 −6 500 ÷ 155 000 ×100%=−41.94%。

企业的日子：现金流量表

现金流量表是以现金为基础编制的财务状况变动表，是企业现金获取能力的集中体现，是企业要过日子的反映。现金流量表由 3 部分组成，那这 3 部分的构成具体是如何体现的？从现金流量表中，我们可以找寻到企业的哪些经营信息呢？

【本章要点】
企业经营活动产生的现金流量
企业投资活动产生的现金流量
企业筹资活动产生的现金流量
从现金流量表能读到企业哪些信息

4.1
企业经营活动产生的现金流量

　　企业日常活动中最重要、最频繁的活动就是经营活动，企业经营活动产生的现金流量是企业在经营过程中产生的现金的流入与流出，它包括企业经营活动的现金流入和企业经营活动的现金流出，以及由此产生的现金净流量。

4.1.1　企业经营活动现金流入

　　经营活动产生的现金流入顾名思义就是在经营活动中流入企业的现金流，即企业收到的和经营活动相关的现金，主要包括销售商品、提供劳务收到的现金，收到的税费返还，收到其他与经营活动有关的现金等。经营活动现金流入的计算如表 4-1 所示。

表 4-1　经营活动现金流入计算

项目	具体描述	计算方法
销售商品、提供劳务收到的现金	企业本期销售商品或提供劳务收到的现金，以及前期销售商品、本期收到的现金和本期预收的款项	产品销售收入 + 其他业务收入 + 应收账款减少额（减去增加额）+ 预收账款增加额（减去减少额）
收到的税费返还	企业收到的所得税、增值税、消费税等各种税费返还款	收到增值税返还 + 收到出口退税 + 收到所得税返还 + 其他的税费返还
收到其他与经营活动有关的现金	是企业经营租赁收到的租金等其他与经营活动有关的现金流入	营业外收入 + 其他应收款减少额 + 其他应付款增加额 − 其他应付款的筹资金额

【实账处理】——销售商品、提供劳务收到的现金

　　甲公司本月收到销售产品收入 100 000 元，收回上月应收账款 50 000 元，下月开展的销售项目本月预收对方公司 20 000 元。

现金流量表中，经营活动产生的现金流量中的"销售商品、提供劳务收到的现金"项目应填写的金额依据上表中的公式可得：

销售商品、提供劳务收到的现金 =100 000+50 000+20 000=170 000（元）

其在现金流量表中的填写如表 4-2 所示。

表 4-2　经营活动产生的现金流入——销售商品、提供劳务收到的现金　单位：元

项目	行次	金额
一、经营活动产生的现金流量：	1	
销售商品、提供劳务收到的现金	2	170 000.00

注意：本月如果有核销的坏账损失需要减掉，有坏账收回的应该加上。

【实账处理】——收到的税费返还

接上例，甲公司本月收到去年所得税清缴完成后其预缴的所得税返还 10 000 元，本月没有发生其他的税费业务，因而其他的税费没有发生增减。

依据本例中收到的税费返还的相关信息可得，本月甲公司现金流量表中体现的"收到的税费返还"为 10 000 元，其在现金流量表中的填写如表 4-3 所示。

表 4-3　经营活动产生的现金流入——收到的税费返还　　　单位：元

项目	行次	金额
一、经营活动产生的现金流量：	1	
销售商品、提供劳务收到的现金	2	170 000.00
收到的税费返还	3	10 000.00

【实账处理】——收到其他与经营活动有关的现金

接上例中，甲公司本月收到外界现金捐赠收入 20 000 元，收到本月银行存款利息收入 5 000 元，其他应收款收回 10 000 元。

依据题例信息可得，题例中甲公司的收款项目在现金流量表中的体现是收到其他与经营活动有关的现金，其金额为：

5 000+10 000=15 000（元）

其在现金流量表中填写如表 4-4 所示。

表 4-4　经营活动产生的现金流入——收到其他与经营活动有关的现金　单位：元

项目	行次	金额
一、经营活动产生的现金流量：	1	
销售商品、提供劳务收到的现金	2	170 000.00
收到的税费返还	3	10 000.00
收到其他与经营活动有关的现金	4	15 000.00

注意：现金捐赠收入不计入"收到的其他与经营活动有关的现金"项目中。

在企业经营活动现金流入的三部分项目列示完以后，现金流量表中会有其经营活动现金流入小计，它就是销售商品、提供劳务收到的现金 + 收到的税费返还 + 收到其他与经营活动有关的现金之和的金额。上述例子中的经营活动现金流入小计如表 4-5 所示。

表 4-5　经营活动产生的现金流入——现金流入小计　单位：元

项目	行次	金额
一、经营活动产生的现金流量：	1	
销售商品、提供劳务收到的现金	2	170 000.00
收到的税费返还	3	10 000.00
收到其他与经营活动有关的现金	4	15 000.00
现金流入小计	5	195 000.00

4.1.2　企业经营活动现金流出

企业经营活动现金流出是企业支付的与企业经营活动相关的现金支出，主要包括购买商品、接受劳务支付的现金，支付给职工以及为职工支付的现金，支付的各项税费，支付其他与经营活动有关的现金 4 个部分。

购买商品、接受劳务支付的现金是指企业当期购买商品或接受劳务支付的现金，当期支付的前期购买商品、接受劳务的应付款以及为了购买商品而支付的预付款。

【实账处理】——购买商品、接受劳务支付的现金

甲公司本月为购买原材料支付商品价款 100 000 元，支付上月应付商品款 10 000 元，本月预付材料款 20 000 元。

依据题例信息可得，题例中甲公司的付款项目在现金流量表中的体现为"购买商品、接受劳务支付的现金"，其金额为：

100 000+10 000+20 000=130 000（元）

其金额在现金流量表中的填列如表 4-6 所示。

表 4-6　经营活动产生的现金流出——购买商品、接受劳务支付的现金　单位：元

项目	行次	金额
一、经营活动产生的现金流量：	1	
销售商品、提供劳务收到的现金	2	170 000.00
收到的税费返还	3	10 000.00
收到其他与经营活动有关的现金	4	15 000.00
现金流入小计	5	195 000.00
购买商品、接受劳务支付的现金	6	130 000.00

支付给职工以及为职工支付的现金指企业实际支付给职工的现金以及为职工支付的现金，包括本期实际支付给职工的工资、奖金、各种津贴和补贴等，以及为职工支付的其他费用，但不包括支付的离退休人员的各项费用和支付给在建工程人员的工资等。

【实账处理】——支付给职工以及为职工支付的现金

甲公司本月支付公司员工工资共计 20 000 元，工会经费 5 000 元，职工教育经费 2 000 元。

依据题例信息可得，题例中甲公司的付款项目在现金流量表中的体现为"支付给职工以及为职工支付的现金"，其项目金额为：

20 000+5 000+2 000=27 000（元）

其金额在现金流量表中的填列如表 4-7 所示。

表 4-7　经营活动产生的现金流出——支付给职工以及为职工支付的现金　单位：元

项目	行次	金额
一、经营活动产生的现金流量：	1	
销售商品、提供劳务收到的现金	2	170 000.00
收到的税费返还	3	10 000.00
收到其他与经营活动有关的现金	4	15 000.00
现金流入小计	**5**	**195 000.00**
购买商品、接受劳务支付的现金	6	130 000.00
支付给职工以及为职工支付的现金	7	27 000.00

但需要注意的是，企业为职工支付的养老、失业等社会保险基金、补充养老保险，支付给职工的住房困难补助，为职工交纳的商业保险金，支付给职工或为职工支付的其他福利费用等，应根据职工的工作性质和服务对象，分别在"购建固定资产、无形资产和其他长期资产所支付的现金"和"支付给职工以及为职工支付的现金"项目中反映。

支付各项税费是指企业当期实际以现金支付的各项税费，包括企业的增值税、企业所得税、印花税、城建税、教育费附加、消费税、契税、房产税和土地增值税等，但需要注意的是，代扣代缴个人所得税不在此范围之内。

【实账处理】——支付各项税费

甲公司本月支付公司增值税 2 000 元，城建税 140 元，教育费附加 60 元，地方教育附加 40 元，企业所得税 1 000 元。

依据题例信息可得，题例中甲公司的付款项目在现金流量表中的体现为"支付各项税费"，其项目金额为：

2 000+140+60+40+1 000=3240（元）

其金额在现金流量表中的填列如表 4-8 所示。

表 4-8 经营活动产生的现金流出——支付各项税费　　单位：元

项目	行次	金额
一、经营活动产生的现金流量：	1	
销售商品、提供劳务收到的现金	2	170 000.00
收到的税费返还	3	10 000.00
收到其他与经营活动有关的现金	4	15 000.00
现金流入小计	5	**195 000.00**
购买商品、接受劳务支付的现金	6	130 000.00
支付给职工以及为职工支付的现金	7	27 000.00
支付各项税费	8	3 240.00

支付的其他与经营活动有关的现金是指企业支付的差旅费、业务招待费、保险费以及罚款支出等与其他经营活动有关的现金流出。

【实账处理】——支付的其他与经营活动有关的现金

甲公司本月支付公司差旅费 1 000 元，业务招待费用 500 元，保险费 500 元，营业外罚款支出 200 元。

依据题例信息可得，题例中甲公司的付款项目在现金流量表中的体现为"支付的其他与经营活动有关的现金"，其金额为：

1 000+500+500+200=2 200（元）

其金额在现金流量表中的填列如表 4-9 所示。

表 4-9 经营活动产生的现金流出——支付的其他与经营活动有关的现金　单位：元

项目	行次	金额
一、经营活动产生的现金流量：	1	
销售商品、提供劳务收到的现金	2	170 000.00
收到的税费返还	3	10 000.00
收到其他与经营活动有关的现金	4	15 000.00
现金流入小计	5	**195 000.00**

续表

项目	行次	金额
购买商品、接受劳务支付的现金	6	130 000.00
支付给职工以及为职工支付的现金	7	27 000.00
支付各项税费	8	3 240.00
支付的其他经营活动有关的现金	9	2 200

在企业经营活动现金流出的 4 部分项目列示完以后，现金流量表中会有其经营活动现金流出小计，它就是购买商品、接受劳务支付的现金 + 支付给职工以及为职工支付的现金 + 支付各项税费 + 支付的其他与经营活动有关的现金。上述例子中甲公司经营活动现金流出小计如表 4-10 所示。

表 4-10 经营活动产生的现金流出——现金流出小计　　　　　　　　单位：元

项目	行次	金额
一、经营活动产生的现金流量：	1	
销售商品、提供劳务收到的现金	2	170 000.00
收到的税费返还	3	10 000.00
收到其他与经营活动有关的现金	4	15 000.00
现金流入小计	**5**	**195 000.00**
购买商品、接受劳务支付的现金	6	130 000.00
支付给职工以及为职工支付的现金	7	27 000.00
支付各项税费	8	3 240.00
支付的其他经营活动有关的现金	9	2 200.00
现金流出小计	**10**	**162 440.00**

我们已经了解了企业经营活动现金流入与流出的相关事项，而企业经营活动产生的现金流量净额就是企业经营活动现金流入与经营活动现金流出的差额，即：

经营活动产生的现金流量净额 = 经营活动现金流入 - 经营活动现金流出

根据前述甲公司的相关业务，其经营活动产生的现金流量净额的填列如

表 4-11 所示。

表 4-11　经营活动产生的现金流量——经营活动产生的现金流量净额　单位：元

项目	行次	金额
一、经营活动产生的现金流量：	1	
销售商品、提供劳务收到的现金	2	170 000.00
收到的税费返还	3	10 000.00
收到其他与经营活动有关的现金	4	15 000.00
现金流入小计	5	195 000.00
购买商品、接受劳务支付的现金	6	130 000.00
支付给职工以及为职工支付的现金	7	27 000.00
支付各项税费	8	3 240.00
支付的其他经营活动有关的现金	9	2 200.00
现金流出小计	10	162 440.00
经营活动产生的现金流量净额	11	32 560.00

注意：经营活动产生的现金流量净额可以是正数，也有可能是负数。

4.2
企业投资活动产生的现金流量

企业除了开展与自身经营活动相关的业务，也会开展投资活动。投资活动与企业的经营活动一样，包括企业投资活动现金流入投资活动现金流出和投资活动产生的现金流量净额 3 个部分。本节将对这 3 个部分进行阐述。

4.2.1　企业投资活动现金流入

企业投资活动现金流入是流入企业的与企业投资发展相关的现金流，主要包括企业收回投资收到的现金，取得投资收益收到的现金，处理固定资产、无形资产和其他长期资产收回的现金净额，处置子公司及其他营业单位收到的现金净额以及收到其他与投资活动有关的现金5个部分。

企业收回投资收到的现金是指企业出售、转让或到期收回除现金等价物以外的交易性金融资产、持有至到期投资、可供出售金融资产、长期股权投资等而收到的现金，不包括长期债券投资收回的利息以及收回的非现金资产。

【实账处理】——收回投资收到的现金

甲公司为分散公司部分闲置资金，经过分析对乙公司做出投资活动。长期股权投资200 000元，本期收回100 000元，长期债券本期收回104 000元，其中4 000元为债券利息。

依据题例信息可得，题例中甲公司的收款业务在现金流量表中体现为"收回投资收到的现金"项目，金额为：

100 000+（104 000−4 000）=200 000（元）

其金额在现金流量表中的填列如表4–12所示。

表4–12 投资活动产生的现金流入——收回投资收到的现金　　　单位：元

项目	行次	金额
二、投资活动产生的现金流量：	12	
收回投资收到的现金	13	200 000.00

取得投资收益收到的现金是指企业因为投资活动而收到的现金股利、利润分红及利息等。

【实账处理】——取得投资收益收到的现金

甲公司为分散公司部分闲置资金，经过分析对乙公司做出投资活动。本月取得乙公司分配的现金股利100 000元，取得债券利息50 000元。

依据题例信息可得，题例中甲公司的收款项目在现金流量表中体现为"取得投资收益收到的现金"项目，金额为：

100 000+50 000=150 000（元）

其金额在现金流量表中的填列如表4–13所示。

表 4-13　投资活动产生的现金流入——取得投资收益收到的现金　单位：元

项目	行次	金额
二、投资活动产生的现金流量：	12	
收回投资收到的现金	13	200 000.00
取得投资收益收到的现金	14	150 000.00

处理固定资产、无形资产和其他长期资产收回的现金净额是指企业处置固定资产、无形资产和其他长期资产而取得的现金，再扣除为处置这些资产而支付的相关费用之后的净额。而由于自然灾害等原因收到的保险赔偿也在本项目中体现。

【实账处理】——处置固定资产、无形资产和其他长期资产收回的现金净额

甲公司为改善其办公环境与条件，处置其使用的电脑一批，处置价格106 000 元，在处置过程中支付运输费用 6 000 元。

依据题例信息可得，题例中甲公司的收款项目在现金流量表中体现为"处置固定资产、无形资产和其他长期资产收回的现金净额"项目，金额为：

106 000－6 000＝100 000（元）

其金额在现金流量表中的填列如表 4-14 所示。

表 4-14　投资活动产生的现金流入——处置相关资产收回的现金净额　单位：元

项目	行次	金额
二、投资活动产生的现金流量：	12	
收回投资收到的现金	13	200 000.00
取得投资收益收到的现金	14	150 000.00
处置固定资产、无形资产和其他长期资产收回的现金净额	15	100 000.00

处置子公司及其他营业单位收到的现金净额是指企业处置其子公司及其他营业单位所取得的现金，再减去相关处置费用及子公司和其他营业单位所持有的现金及现金等价物之后的净额。

【实账处理】——处置子公司及其他营业单位收到的现金净额

甲公司为获得资金周转，将其名下子公司进行处置，处置价格 500 000 元，处置过程中发生各项处置费用 100 000 元，其子公司未持有现金及现金等价物。

依据题例信息可得，题例中甲公司的收款项目在现金流量表中体现为"处置子公司及其他营业单位收到的现金净额"项目，金额为：500 000－100 000=400 000（元）

其金额在现金流量表中的填列如表 4-15 所示。

表 4-15　投资活动产生的现金流入——处置营业单位收到的现金净额　单位：元

项目	行次	金额
二、投资活动产生的现金流量：	12	
收回投资收到的现金	13	200 000.00
取得投资收益收到的现金	14	150 000.00
处置固定资产、无形资产和其他长期资产收回的现金净额	15	100 000.00
处置子公司及其他营业单位收到的现金净额	16	400 000.00

收到其他与投资活动有关的现金是指除了上述之外的，收到的其他与投资活动相关的现金。比如收到购买股票和债券时支付实际价款中包含的已宣告但尚未领取的现金股利或已到付息期但尚未领取的债券利息。

【实账处理】——收到其他与投资活动有关的现金

甲公司本月获得购买乙公司股票时支付实际价款中包含的已宣告但未领取的现金股利 50 000 元。

依据题例信息可得，题例中甲公司的收款项目在现金流量表中体现为"收到其他与投资活动有关的现金"项目，金额为 50 000 元。

其金额在现金流量表中的填列如表 4-16 所示。

表 4-16　投资活动产生的现金流入——收到其他与投资活动有关的现金　单位：元

项目	行次	金额
二、投资活动产生的现金流量：	12	

续表

项目	行次	金额
收回投资收到的现金	13	200 000.00
取得投资收益收到的现金	14	150 000.00
处置固定资产、无形资产和其他长期资产收回的现金净额	15	100 000.00
处置子公司及其他营业单位收到的现金净额	16	400 000.00
收到其他与投资活动有关的现金	17	50 000.00

　　同样，企业投资活动现金流入小计 = 收回投资收到的现金 + 取得投资收益收到的现金 + 处置固定资产、无形资产和其他长期资产收回的现金净额 + 处置子公司及其他营业单位收到的现金净额 + 收到其他与投资活动有关的现金。上述实例中甲公司投资活动现金流入小计如表 4-17 所示。

表 4-17　投资活动产生的现金流入——投资活动现金流入小计　　　　单位：元

项目	行次	金额
二、投资活动产生的现金流量：	12	
收回投资收到的现金	13	200 000.00
取得投资收益收到的现金	14	150 000.00
处置固定资产、无形资产和其他长期资产收回的现金净额	15	100 000.00
处置子公司及其他营业单位收到的现金净额	16	400 000.00
收到其他与投资活动有关的现金	17	50 000.00
投资活动现金流入小计	**18**	**900 000.00**

4.2.2　企业投资活动现金流出

　　企业投资活动现金流出是企业投资活动过程中发生的现金流出的情形，包括企业购建固定资产、无形资产和其他长期资产支付的现金，投资支付的现金，取得子公司及其他营业单位支付的现金净额，支付其他与投资活动有关的现金 4 个部分。购建固定资产以及无形资产和其他长期资产支付的现金是指企业购买、建造固定资产，取得无形资产和其他长期资产而支付现金。

【实账处理】——购建固定资产、无形资产和其他长期资产支付的现金

甲公司本月以银行存款支付新购办公大楼 100 万元，支付土地购买款 100 万元。

依据题例信息可得，题例中甲公司的付款项目在现金流量表中体现为"购建固定资产、无形资产和其他长期资产支付的现金"项目，金额为：

1 000 000+1 000 000=2 000 000（元）

其金额在现金流量表中的填列如表 4-18 所示。

表 4-18　投资活动产生的现金流出——购建长期资产支付的现金　单位：元

项目	行次	金额
二、投资活动产生的现金流量：	12	
收回投资收到的现金	13	200 000.00
取得投资收益收到的现金	14	150 000.00
处置固定资产、无形资产和其他长期资产收回的现金净额	15	100 000.00
处置子公司及其他营业单位收到的现金净额	16	400 000.00
收到其他与投资活动有关的现金	17	50 000.00
投资活动现金流入小计	**18**	**900 000.00**
购建固定资产、无形资产和其他长期资产支付的现金	19	2 000 000.00

注意：为购建固定资产而发生的借款利息资本化的部分，以及融资租赁租入固定资产支付的租赁费，都不在此项目中反映。

投资支付的现金是指企业进行各种性质的投资所支付的现金，包括企业取得长期股权投资所支付的现金、取得债券所支付的现金以及短期股票投资而支付的现金等。

【实账处理】——投资支付的现金

甲公司本月以银行存款 100 万元支付购买乙公司 50% 股权，形成甲公司长期股权投资。

依据题例信息可得，题例中甲公司的付款项目在现金流量表中体现为"投

资支付的现金"项目，金额为 100 万元。

其金额在现金流量表中的填列如表 4-19 所示。

表 4-19 投资活动产生的现金流出——投资支付的现金　　　单位：元

项目	行次	金额
二、投资活动产生的现金流量：	12	
收回投资收到的现金	13	200 000.00
取得投资收益收到的现金	14	150 000.00
处置固定资产、无形资产和其他长期资产收回的现金净额	15	100 000.00
处置子公司及其他营业单位收到的现金净额	16	400 000.00
收到其他与投资活动有关的现金	17	50 000.00
投资活动现金流入小计	**18**	**900 000.00**
购建固定资产、无形资产和其他长期资产支付的现金	19	2 000 000.00
投资支付的现金	20	1 000 000.00

取得子公司及其他营业单位支付的现金净额是指企业购买子公司及其他营业单位的购买价中以现金支付的部分，再扣除子公司及其他营业单位持有的现金及现金等价物之后的净额。

【实账处理】——取得子公司及其他营业单位支付的现金净额

甲公司本月以银行存款 50 万元支付取得由其控制的经营场所丙，已知丙拥有现金 10 万元。

依据题例信息可得，题例中甲公司的付款项目在现金流量表中体现为"取得子公司及其他营业单位支付的现金净额"项目，金额为：500 000-100 000=400 000（元）

其金额在现金流量表中的填列如表 4-20 所示。

表 4-20 投资活动产生的现金流出——取得营业单位支付的现金净额 单位：元

项目	行次	金额
二、投资活动产生的现金流量：	12	

续表

项目	行次	金额
收回投资收到的现金	13	200 000.00
取得投资收益收到的现金	14	150 000.00
处置固定资产、无形资产和其他长期资产收回的现金净额	15	100 000.00
处置子公司及其他营业单位收到的现金净额	16	400 000.00
收到其他与投资活动有关的现金	17	50 000.00
投资活动现金流入小计	**18**	**900 000.00**
购建固定资产、无形资产和其他长期资产支付的现金	19	2 000 000.00
投资支付的现金	20	1 000 000.00
取得子公司及其他营业单位支付的现金净额	21	400 000.00

支付其他与投资活动有关的现金是指反映企业除了上述各项以外，支付的其他与投资活动有关的现金流量，比如企业购买股票和债券时，实际支付的价款中包含的已宣告但尚未发放的现金股利或已到付息期但尚未领取的债券利息。

【实账处理】——支付其他与投资活动有关的现金

甲公司本月以银行存款110万元支付购买乙公司股票，已支付的价款中包含已宣告但尚未发放的现金股利10万元。

依据题例信息可得，题例中甲公司的付款项目在现金流量表中的体现为"取得子公司及其他营业单位支付的现金净额"项目，金额为10万元。

其金额在现金流量表中的填列如表4-21所示。

表4-21　投资活动产生的现金流出——支付的其他与投资活动有关的现金　单位：元

项目	行次	金额
二、投资活动产生的现金流量：	12	
收回投资收到的现金	13	200 000.00
取得投资收益收到的现金	14	150 000.00
处置固定资产、无形资产和其他长期资产收回的现金净额	15	100 000.00

续表

项目	行次	金额
处置子公司及其他营业单位收到的现金净额	16	400 000.00
收到其他与投资活动有关的现金	17	50 000.00
投资活动现金流入小计	**18**	**900 000.00**
购建固定资产、无形资产和其他长期资产支付的现金	19	2 000 000.00
投资支付的现金	20	1 000 000.00
取得子公司及其他营业单位支付的现金净额	21	400 000.00
支付的其他与投资活动有关的现金	22	100 000.00

企业投资活动现金流出小计 = 购建固定资产、无形资产和其他长期资产支付的现金 + 投资支付的现金 + 取得子公司及其他营业单位支付的现金净额 + 支付的其他与投资活动有关的现金。前述实例中甲公司投资活动现金流出小计如表 4-22 所示。

表 4-22 投资活动产生的现金流出——投资活动流出小计　　　　　单位：元

项目	行次	金额
二、投资活动产生的现金流量：	12	
收回投资收到的现金	13	200 000.00
取得投资收益收到的现金	14	150 000.00
处置固定资产、无形资产和其他长期资产收回的现金净额	15	100 000.00
处置子公司及其他营业单位收到的现金净额	16	400 000.00
收到其他与投资活动有关的现金	17	50 000.00
投资活动现金流入小计	**18**	**900 000.00**
购建固定资产、无形资产和其他长期资产支付的现金	19	2 000 000.00
投资支付的现金	20	1 000 000.00
取得子公司及其他营业单位支付的现金净额	21	400 000.00

续表

项目	行次	金额
支付的其他与投资活动有关的现金	22	100 000.00
投资活动现金流出小计	23	3 500 000.00

4.2.3　企业投资活动产生的现金流量净额

我们已经了解了企业投资活动现金流入与流出的相关事项，而企业投资活动产生的现金流量净额就是企业投资活动现金流入与投资活动现金流出的差额，即：

投资活动产生的现金流量净额＝投资活动现金流入－投资活动现金流出

根据上述甲公司的相关业务，其投资活动产生的现金流量净额如表4-23所示。

表4-23　投资活动产生的现金流量——投资活动产生的现金流量净额　单位：元

项目	行次	金额
二、投资活动产生的现金流量：	12	
收回投资收到的现金	13	200 000.00
取得投资收益收到的现金	14	150 000.00
处置固定资产、无形资产和其他长期资产收回的现金净额	15	100 000.00
处置子公司及其他营业单位收到的现金净额	16	400 000.00
收到其他与投资活动有关的现金	17	50 000.00
投资活动现金流入小计	18	900 000.00
购建固定资产、无形资产和其他长期资产支付的现金	19	2 000 000.00
投资支付的现金	20	1 000 000.00
取得子公司及其他营业单位支付的现金净额	21	400 000.00
支付的其他与投资活动有关的现金	22	100 000.00
投资活动现金流出小计	23	3 500 000.0
投资活动产生的现金流量净额	24	-2 600 000.00

4.3

企业筹资活动产生的现金流量

企业因发展的需要，为获得更多的资金周转，就会对外进行借款，这就是企业筹集资金的活动。企业的筹资活动包括企业筹资活动现金流入、筹资活动现金流出以及筹资活动产生的现金流入与流出之间的净额。

4.3.1　企业筹资活动现金流入

企业筹资活动现金流入就是企业筹集资金、获得资金并使现金流入企业的过程，它包含企业吸收投资收到的现金、取得借款收到的现金以及收到其他与筹资活动有关的现金。

吸收投资收到的现金是企业以发行股票、债券等形式筹集资金收到的款项，再扣除其发行费用和支付的佣金等之后的净额。

【实账处理】——吸收投资收到的现金

甲公司本月发行面值为 1 000 000 元的企业债券，另支付发行费用及佣金100 000 元。

依据题例信息可得，题例中甲公司的收款项目在现金流量表中体现为"吸收投资收到的现金"项目，金额为：1 000 000－100 000＝900 000（元）。

其金额在现金流量表中的填列如表 4-24 所示。

表 4-24　筹资活动产生的现金流入——吸收投资收到的现金　　　　单位：元

项目	行次	金额
三、筹资活动产生的现金流量：	25	
吸收投资收到的现金	26	900 000.00

取得借款收到的现金是企业从银行等金融机构取得短期借款、长期借款所收到的现金，反应在短期借款或长期借款的增加上。

【实账处理】——取得借款收到的现金

甲公司本月向银行借款 200 000 元，借款期限 3 年，年利率 5%；本月向银行借款 100 000 元，6 个月借款期限。

依据题例信息可得，题例中甲公司的收款项目在现金流量表中体现为"取得借款收到的现金"项目，金额为：200 000+100 000=300 000（元）。

其金额在现金流量表中的填列如表 4-25 所示。

表 4-25　筹资活动产生的现金流入——取得借款收到的现金　　单位：元

项目	行次	金额
三、筹资活动产生的现金流量：	25	
吸收投资收到的现金	26	900 000.00
取得借款收到的现金	27	300 000.00

收到其他与筹资活动有关的现金是收到除上述各项筹资活动以外的其他与筹资活动有关的现金，比如利息收入等。

【实账处理】——收到其他与筹资活动有关的现金

甲公司本月收到其银行存款利息收入 5 000 元。

依据题例信息可得，题例中甲公司的收款项目在现金流量表中体现为"收到其他与筹资活动有关的现金"项目，金额为 5 000 元。

其金额在现金流量表中的填列如表 4-26 所示。

表 4-26　筹资活动产生的现金流入——收到其他与筹资活动有关的现金　单位：元

项目	行次	金额
三、筹资活动产生的现金流量：	25	
吸收投资收到的现金	26	900 000.00
取得借款收到的现金	27	300 000.00
收到其他与筹资活动有关的现金	28	5 000.00

企业筹资活动现金流入小计是吸收投资收到的现金以及取得借款收到的

现金、收到其他与筹资活动有关的现金这 3 个项目的和，如表 4-27 所示。

表 4-27　筹资活动产生的现金流入——筹资活动现金流入小计　　　单位：元

项目	行次	金额
三、筹资活动产生的现金流量：	25	
吸收投资收到的现金	26	900 000.00
取得借款收到的现金	27	300 000.00
收到其他与筹资活动有关的现金	28	5 000.00
筹资活动现金流入小计	29	1 205 000.00

4.3.2　企业筹资活动现金流出

筹资活动现金流出是企业为筹集资金而支付的各项现金流出，包含偿还债务支付的现金，分配股利、利润或偿付利息支付的现金，支付其他与筹资活动有关的现金。

偿还债务支付的现金是企业偿还其债务本金的部分计入该项目。

【实账处理】——偿还债务支付的现金

甲公司本月偿还其短期借款 100 000 元。

依据题例信息可得，题例中甲公司的付款项目在现金流量表中体现为"偿还债务支付的现金"项目，金额为 100 000 元。

其金额在现金流量表中的填列如表 4-28 所示。

表 4-28　筹资活动产生的现金流出——偿还债务支付的现金　　　单位：元

项目	行次	金额
三、投筹资活动产生的现金流量：	25	
吸收投资收到的现金	26	900 000.00
取得借款收到的现金	27	300 000.00
收到其他与筹资活动有关的现金	28	5 000.00
筹资活动现金流入小计	29	1 205 000.00
偿还债务支付的现金	30	100 000.00

分配股利、利润或偿付利息支付的现金是企业为股东投资者分配的股利及利润、向银行等金融机构支付的借款利息等。

【实账处理】——分配股利、利润或偿付利息支付的现金

甲公司本月支付其银行借款利息 8 000 元。

依据题例信息可得，题例中甲公司的付款项目在现金流量表中体现为"分配股利、利润或偿付利息支付的现金"项目，金额为 8 000 元。

其金额在现金流量表中的填列如表 4-29 所示。

表 4-29　筹资活动产生的现金流出——分配股利、利润或付利息支付的现金　单位：元

项目	行次	金额
三、筹资活动产生的现金流量：	25	
吸收投资收到的现金	26	900 000.00
取得借款收到的现金	27	300 000.00
收到其他与筹资活动有关的现金	28	5 000.00
筹资活动现金流入小计	**29**	**1 205 000.00**
偿还债务支付的现金	30	100 000.00
分配股利、利润或偿付利息支付的现金	31	8 000.00

支付其他与筹资活动有关的现金是前述支出之外的企业支付的其他与筹资活动相关的现金，比如企业为发行债券而支付的相关审计费用等。

【实账处理】——支付其他与筹资活动有关的现金

甲公司对外发行债券 100 万份，支付债券发行相关审计费用 5 000 元。

依据题例信息可得，题例中甲公司的付款项目在现金流量表中体现为"支付其他与筹资活动有关的现金"项目，金额为 5 000 元。

其金额在现金流量表中的填列如表 4-30 所示。

表 4-30　筹资活动产生的现金流出——支付其他与筹资活动有关的现金　单位：元

项目	行次	金额
三、筹资活动产生的现金流量：	25	
吸收投资收到的现金	26	900 000.00

续表

项目	行次	金额
取得借款收到的现金	27	300 000.00
收到其他与筹资活动有关的现金	28	5 000.00
筹资活动现金流入小计	29	**1 205 000.00**
偿还债务支付的现金	30	100 000.00
分配股利、利润或偿付利息支付的现金	31	8 000.00
支付其他与筹资活动有关的现金	32	5 000.00

企业筹资活动现金流出小计是偿还债务支付的现金，分配股利、利润或偿付利息支付的现金以及支付其他与筹资活动有关的现金这 3 个项目之和，如表 4-31 所示。

表 4-31　筹资活动产生的现金流出——筹资活动现金流出小计　　　　单位：元

项目	行次	金额
三、投筹资活动产生的现金流量：	25	
吸收投资收到的现金	26	900 000.00
取得借款收到的现金	27	300 000.00
收到其他与筹资活动有关的现金	28	5 000.00
筹资活动现金流入小计	29	**1 205 000.00**
偿还债务支付的现金	30	100 000.00
分配股利、利润或偿付利息支付的现金	31	8 000.00
支付其他与筹资活动有关的现金	32	5 000.00
筹资活动现金流出小计	33	**113 000.00**

4.3.3　企业筹资活动产生的现金流量净额

我们已经了解了企业筹资活动现金流入与流出的相关事项，而企业筹资活动产生的现金流量净额就是企业筹资活动现金流入与筹资活动现金流出的差额，即：

筹资活动产生的现金流量净额 = 筹资活动现金流入 − 筹资活动现金流出

根据前述甲公司的相关业务，其筹资活动产生的现金流量净额如表 4–32 所示。

表 4–32　筹资活动产生的现金流量——筹资活动产生现金净流量净额

项目	行次	金额
三、投筹资活动产生的现金流量：	25	
吸收投资收到的现金	26	900 000.00
取得借款收到的现金	27	300 000.00
收到其他与筹资活动有关的现金	28	5 000.00
筹资活动现金流入小计	29	1 205 000.00
偿还债务支付的现金	30	100 000.00
分配股利、利润或偿付利息支付的现金	31	8 000.00
支付其他与筹资活动有关的现金	32	5 000.00
筹资活动现金流出小计	33	113 000.00
筹资活动产生的现金流量净额	34	1 092 000.00

4.4
从现金流量表能读到企业哪些信息

现金流量表的所有项目已介绍完毕，现金流量表作为企业财务报表的主表之一，对于阅读者而言，它能够反馈给我们企业的哪些有效信息呢？

4.4.1　企业现金流量质量好坏

现金流是企业发展的血液，只有现金流合理、质量好，才能促进企业良好循环发展。首先，通过分别计算经营活动现金流入、投资活动现金流入和筹资活动现金流入占现金总流入的比重，了解现金的主要来源。一般来说，经营活动现金流入占现金总流入比重大的企业，经营状况较好，财务风险较低，现金流入结构较为合理。

其次，分别计算经营活动现金流出、投资活动现金流出和筹资活动现金流出占现金总流出的比重，它能具体反映企业的现金用于哪些方面。一般来说，经营活动现金流出比重大的企业，其生产经营状况正常，现金流出结构较为合理。

4.4.2　从现金流量方向的构成分析企业财务状况

现金流量表将企业的现金流分为 3 个主要的方向，即企业经营活动产生的现金流量、投资活动产生的现金流量和筹资活动产生的现金流量 3 部分，通过这 3 部分现金流量的方向，我们可以分析企业财务状况。

1. 企业经营活动产生的现金流量分析

◆ 将销售商品、提供劳务收到的现金与购进商品、接受劳务付出的现金进行比较，在企业经营正常、购销平衡的情况下，二者之间的比率越大，说明企业的销售利润越大，销售回款良好，企业创现的能力也越强。

◆ 将销售商品、提供劳务收到的现金与企业经营活动流入的现金总额比较，可大致说明企业产品销售现款占经营活动流入的现金的比重有多大，比重大，说明企业主营业务突出，营销状况良好。

◆ 将本期经营活动现金净流量与上期比较，增长率越高，说明企业成长性越好。

2. 企业投资活动产生的现金流量分析

当企业扩大规模或开发新的利润增长点时，需要大量的现金投入，投资活动产生的现金流入量补偿不了流出量，投资活动现金净流量为负数。但如果企业投资有效，将会在未来产生现金净流入用于偿还债务，创造收益，企业不会有偿债困难。因此，分析投资活动现金流量，应结合企业目前的投资项目进行，不能简单地以现金净流入还是净流出来论优劣。

3. 企业筹资活动产生的现金流量分析

一般来说，筹资活动产生的现金净流量越大，企业面临的偿债压力也越大，但如果现金净流入量主要来自于企业吸收的权益性资本，则不仅不会面临偿债压力，资金实力反而增强。因此，在分析时，可将吸收权益性资本收到的现金与筹资活动现金总流入比较，所占比重大，说明企业资金实力强，财务风险低。

4.4.3 比较会计报表分析现金流量趋势

通过对不同时间段企业现金流量表的比较，结合企业会计报表，分析企业现金流量趋势，再对比企业利润表来看，有的企业账面利润很大，看似业绩客观，但现金却入不敷出，而有的企业虽然巨额亏损，但现金却充裕。

销售商品、提供劳务收到的现金与企业利润表中的主营业务收入比较，可以大致说明企业销售回收现金的情况及企业销售的质量，收现数所占比重大，说明销售收入实现后所增加的资产转换现金速度快、质量高。而分得股利或利润及取得债券利息收入所得到的现金与利润表中投资收益比较，可大致反映企业账面投资收益的质量。现金流量表除了与利润表有关联，还可结合企业资产负债表，也能看出一些重要的信息。

经营活动产生的现金流量净额与资产负债表中流动负债总额的比率可以反映企业经营活动获得现金偿还短期债务的能力，比率越大，说明企业偿债能力越强；经营活动产生的现金流量净额与资产负债表中的负债总额之间的比率可以反映企业用经营活动中所获现金偿还全部债务的能力，这个比率越大，说明企业承担债务的能力越强。

而期末现金及现金等价物余额是与资产负债表中货币资金项目余额相等的，它与资产负债表中的流动负债的比率反映企业直接偿付债务的能力，比率越高，说明企业偿债能力越强，但由于现金收益性差，这一比率也并非越大越好。因而，通过资产负债表、利润表和往期现金流量数据，我们也可以大致预判企业现金流未来的趋势，也能结合企业三大财务报表，更全面地分析企业财务状况，为企业未来经营决策提供更有效的数据支撑。

企业的压舱石：所有者权益变动表

所有者权益变动表是新会计准则颁布后新增的主要报表之一，是资产负债表权益项目的细化和利润表的补充，它是企业的压舱石，反映企业各权益项目的变化，有利于报表使用者了解企业净资产状况。

【本章要点】

企业的实收资本

企业的资本公积怎么算

企业盈余公积怎么计算

从所有者权益变动表能读到企业哪些信息

5.1
企业的实收资本

企业的成立，最重要的条件就是企业的实收资本，它也是企业所有者权益的第一大重要项目。本节将为大家介绍什么是实收资本，是和企业注册资本一样吗？

5.1.1　实收资本是什么

实收资本是指企业实际收到的投资人投入的资本，它可以是货币资金、实物和无形资产等。货币资金是以实际收到或存入企业开户银行的时间和金额确定，实物可以是固定资产和材料等，其价值需审计机构认定后才能确认其入账价值。无形资产以投资方确认的价值作为实收资本入账。

5.1.2　实收资本等同于注册资本吗

除了实收资本，我们还会经常听说注册资本，注册资本也是企业营业执照上必须填写的项目。那么，实收资本和注册资本一样吗？

答案是否定的，实收资本不等同于注册资本。注册资本是法律规定的强制性要求，我国《民法通则》中明确规定，设立企业，法人必须要有必要的财产。我国《企业法人登记管理条例》也明确规定，企业申请开业，必须具备符合国家规定并与其生产经营和服务规模相适应的资金数额。我国《公司法》也将股东出资达到法定资本最低限额作为公司成立的必备条件。

实收资本是指投资人按照企业章程或合同、协议的约定，实际投入到企业中的各种资产的价值，所有者向企业投入的资本在一般情况下无须偿还，可以长期周转使用。

在注册资本制度下，企业的实收资本与注册资本必须保持一致，即其金额数是一样的。但在现行认缴制的前提下，企业的注册资本与实收资本数额是可以不一致的。

认缴登记制度是指工商部门只登记公司认缴的注册资本总额，无须登记实收资本，不再收取验资证明文件，申请企业登记不用再为注册资本发愁，企业股东承诺认缴多少就是多少，理论上1元钱也能办公司，经营者自担风险。

5.1.3　如何确认实收资本

企业的实收资本该如何确认呢？企业应按照企业章程、合同、协议或有关规定，根据实际收到的货币、实物及无形资产来确认投入资本。

◆ 对于以货币投资的，主要根据收款凭证加以确认与验证；对于外方投资者的外汇投资，应取得利润来源地外汇管理局的证明。

◆ 对于以房屋建筑物、机器设备或材料物资等实物资产作价出资的，应以各项有关凭证为依据进行确认，并应进行实物清点、实地勘察以核实有关投资。另外，房屋建筑物应具备产权证明。

◆ 对于以专利权、专有技术、商标权和土地使用权等无形资产作价出资的，应以各项有关凭证及文件资料作为确认与验证的依据。外方合营者出资的工业产权与专有技术，必须符合规定的条件。

5.1.4　实收资本怎么核算

前面已经大概知道了实收资本是什么，大家脑海中可能会有个疑问，我们知道了实收资本的定义及组成，那实收资本究竟该如何进行核算呢？

◆ 现金投入的资本核算

投资者以现金投入的资本，应当以实际收到或者存入企业开户银行的金额作为实收资本入账，实际收到或者存入企业开户银行的金额超过其在该企业注册资本中所占份额的部分，计入资本公积。

【实账处理】——甲公司现金收 100 万元实收资本

2018 年 6 月，甲公司与乙公司达成投资协议，乙公司决定以现金 100 万元投资甲公司。2018 年 7 月 1 日，甲公司银行账户收到乙公司投资款 100 万元，甲公司注册资本 200 万元，乙公司占比 50%。此例子中，甲公司要以实际收到投资款的 2018 年 7 月 1 日的金额 100 万元入账实收资本，而乙公司投入的 100 万元资本未超过其注册资本的金额，因而其 100 万元全部计入甲公司的实收资本，主要会计分录如下。

借：银行存款   1 000 000.00

    贷：实收资本——乙公司   1 000 000.00

◆ 非现金投入的资本核算

投资者以非现金资产投入的资本，应按投资各方确认的价值作为实收资本入账。为首次发行股票而接受投资者投入的无形资产，应按该项无形资产在投资方的账面价值入账。

【实账处理】——甲公司非现金投入资本核算

2018 年 7 月，乙公司以固定资产为资本向甲公司投资，经双方确认市场价格，乙公司投入的固定资产价值 50 万元。此例子中，乙公司是以固定资产投资甲公司，那么甲公司收到其投资的固定资产并确认为本公司的实收资本时需要双方共同确认价值入账，即例题中的 50 万元，主要会计分录如下。

借：固定资产   500 000.00

    贷：实收资本——乙公司   500 000.00

◆ 外币投入的资本核算

投资者投入的外币，合同没有约定汇率的，按收到出资额当日的汇率折合；合同约定汇率的，按合同约定的汇率折合，因汇率不同产生的折合差额，作为资本公积处理。

【实账处理】——外币投入的资本核算

2018 年 6 月 15 日，某外国公司向甲公司投入 30 万美元外币资本，双方投资合同中未约定其汇率，假设收到出资额的当日汇率为 6.5 人民币 / 美元。

此例子中，甲公司收到的资本是美元，则需按照汇率转换为人民币入账，依据题中信息，其转化金额为：300 000×6.5=1 950 000（元），主要会计分录如下。

借：银行存款——外币账户　　　　　1 950 000.00

　　贷：实收资本——某外国公司　　　　　1 950 000.00

◆　中外合资投入资本核算

中外合作经营企业依照有关法律、法规的规定，在合作期间归还投资者投资的，对已归还的投资应当单独核算，并在资产负债表中作为实收资本的减项单独反映。

5.1.5　实收资本的转化问题

在实际的业务处理过程中，我们会遇到实收资本的转换处理问题，比如将资本公积转为实收资本、将盈余公积转为实收资本等。

要注意的是，资本公积和盈余公积均属所有者权益，转为实收资本时，如为独资企业，处理比较简单，直接结转即可；如为股份公司或有限责任公司，应按原投资者所持股份同比例增加各股东的股权，股份公司具体可以采取发放新股等办法。

实际业务中还有一种方法是债券转股权的方式，即将其拥有的债权转换成为股权，成为股东，形成债务公司的实收资本。

【实账处理】——自然人吴某10万元的甲公司债权转换为甲公司实收资本

2018年6月，甲公司因业务及发展的需要，向吴某借资10万元形成公司的债务；2018年7月经甲公司与吴某商议，将甲公司欠吴某10万元转化为甲公司实收资本，吴某成为甲公司的股东之一。

2018年6月甲公司收到吴某10万元借款时会计分录：

借：银行存款　　　　　　　　100 000.00

　　贷：其他应付款——吴某　　100 000.00

2018年7月甲公司与吴某债权转化时会计分录：

借：其他应付款——吴某　　　　100 000.00

贷：实收资本　　　　　　　　　　　　100 000.00

5.2
企业的资本公积怎么算

企业的第二大所有者权益科目就是资本公积，资本公积是企业另一重要的所有者权益，本节将为大家揭晓资本公积是什么，要如何形成资本公积。

5.2.1　揭秘资本公积

资本公积是指企业在经营过程中由于接受捐赠、股本溢价以及法定财产重估增值等原因所形成的公积金。资本公积是与企业收益无关而与资本相关的贷项，是指投资者或者他人投入到企业，所有权归属于投资者，并且投入金额超过法定资本部分的资本。

5.2.2　资本公积怎么产生和计算

我们大致了解了资本公积的概念，那么资本公积在日常经营活动中如何产生呢？主要有以下两种方式。

第一类是可以直接用于转增资本的资本公积，它包括资本（或股本）溢价、接受现金捐赠、拨款转入、外币资本折算差额和其他资本公积等。其中，资本（或股本）溢价是指企业投资者投入的资金超过其在注册资本中所占份额的部分，在股份有限公司称之为股本溢价；接受现金捐赠是指企业因接受现金捐赠而增加的资本公积；拨款转入指按规定转入资本公积的部分，企业应按转入金额入账；外币资本折算差额是指企业因接受外币投资所采用的汇率不同而产生的资本折算差额；其他资本公积金额中包括债权人豁免的债务等。

第二类是不可以直接用于转增资本的资本公积，它包括接受捐赠非现金资产准备和股权投资准备等。其中，接受捐赠非现金资产准备是指企业因接受非现金资产捐赠而增加的资本公积；股权投资准备是指企业对被投资单位的长期股权投资采用权益法核算时，因被投资单位接受捐赠等原因增加资本公积，从而导致投资企业按持股比例或投资比例计算而增加的资本公积。

5.3

企业盈余公积怎么计算

企业的盈余公积是企业的累计资金，具有弥补亏损、扩大生产经营、转增资本和派送新股的重要作用。何为企业盈余公积，如何提取计算？接下来便进行详细的讲解。

5.3.1　何为企业盈余公积

企业盈余公积指企业从税后利润中提取形成的、存留于企业内部、具有特定用途的收益积累，现行公司法将企业盈余公积分为法定盈余公积和任意盈余公积法定盈余公积是法定盈余公积金，是指国家有关法律、法规、制度中规定的必须按一定比例提取的公积。其特点是强制性，即只要企业有盈余，就必须按规定提取；有严格的规定性，即提取比例和提取多少都有严格规定。

而任意盈余公积金是企业根据自身生产经营的需要而提取的公积。其特点是任意性，即企业可以多提，也可以少提，甚至不提；没有严格的规定，一般由企业的董事会或经理班子决定提取比例。

5.3.2　盈余公积与资本公积有何区别

我们知道了资本公积和盈余公积，二者皆可以转换为企业资本，但这两者有何区别呢？主要区别如表 5-1 所示。

表 5-1

项目	资本公积	盈余公积
区别一	全体股东投入资本	企业的留存收益
区别二	是由股东投入的但因故不能计入实收资本（或股本）中的那部分投入资金，以及企业在经营过程中，根据企业会计制度的规定，应当计入资本公积的那部分数额。包括资本（或股本）溢价、接受捐赠非现金资产准备、接受现金捐赠、股权投资准备、拨款转入、外币资本折算差额和其他资本公积。经营活动中按规定计入资本公积的数额，不是由企业创造的利润带来的。从总体上来说，资本公积属于投入资本，归全体股东按投资比例所有，除某些项目以外，资本公积可以转增资本	是指企业根据法律法规的规定和企业权力机构的决议，从企业税后利润中提取的各类盈余准备。包括法定盈余公积金和任意盈余公积金、法定公益金、储备基金、企业发展基金、利润归还投资等。盈余公积是企业从创造的利润中提取的，属于留存收益范畴。盈余公积在保留法定余额的前提下，企业可以用转增资本、分派股利和弥补亏损等

5.3.3 盈余公积怎么计算

盈余公积分为法定盈余公积和任意盈余公积，法定盈余公积是按相关法律法规规定计提企业税后利润的 10%；而任意盈余公积是其税后利润的任意比例，无相关规定，相关计算公式如下。

法定盈余公积 = 税后利润 × 10%

任意盈余公积 = 税后利润 × 公司章程或者股东大会决议的提取比例

【实账处理】——盈余公积的计算

2018 年 6 月，甲公司税后利润 100 万元，当月的计提当月法定盈余公积，另根据股东会决策本月提取 5% 的任意盈余公积。

依题例，甲公司 2018 年 6 月提取的法定盈余公积和任意盈余公积分别为：

法定盈余公积 = 税后利润 × 10%=1 000 000 × 10%=100 000（元）

任意盈余公积 = 税后利润 × 公司章程或者股东大会决议的提取比例

$$=1\ 000\ 000 \times 5\%=50\ 000（元）$$

其会计分录如下：

借：利润分配——提取盈余公积　　　　　　　100 000.00

　　贷：盈余公积——法定盈余公积　　　　　　　100 000.00

借：利润分配——提取盈余公积　　　　　　　50 000.00

　　贷：盈余公积——任意盈余公积　　　　　　　50 000.00

值得注意的是，当法定盈余公积累计额已达到注册资本的 50% 时，可以不再提取。另外，在计算法定盈余公积的基数时，不应包括企业年初未分配利润。

<h1>5.4 从所有者权益变动表能读到企业哪些信息</h1>

所有者权益变动表是企业财务报表的另一张重要组成报表，从报表中，能读到股东的去留变化，报表中的主要计算项目，企业的利得、会计政策变更和前期差错更正等信息。下面将对报表中的这些内容进行详细描述。

5.4.1　股东去留

通过所有者权益变动表，能够反映股东的去留，因为所有者权益变动表首先体现的就是实收资本的数额，将本年金额与上年金额进行比对，可以看出实收资本的变动以及具体项目的变动情况。

股东的去留体现最重要的就是实收资本与资本公积的体现，从图 5-1 中可以看出，对比表中实收资本上年年末余额对应的本年金额与上年金额，可看出实收资本是增加了的，说明股东对企业的投资增加。再从表中上年金额中的各项目来看，所有者投入的普通股增加，从而引起企业实收资本增加，股东投资额增加。从本年金额来看，本期期末余额的实收资本相较于本年年初余额而言也具有增加的变动，可以看出股东的投资增加。

所有者权益变动表

会企04表

编制单位：　　　　　　　　　　　　　　　　　　　　　　　　　　　年度　　　　　　　　　　　　　　　　　　单位：元

项目	本年金额									上年金额								
	实收资本（或股本）	其他权益工具			资本公积	减:库存股	其他综合收益	盈余公积	未分配利润	所有者权益合计	实收资本（或股本）	其他权益工具			资本公积	减:库存股	其他综合收益	盈余公积	未分配利润	所有者权益合计
		优先股	永续债	其他								优先股	永续债	其他						
一、上年末余额	500,000.00										300,000.00									
加：会计政策变更																				
前期差错更正																				
其他																				
二、本年年初余额	500,000.00										300,000.00									
三、本期增减变动金额（减少以"-"号填列）	500,000.00										200,000.00									
（一）综合收益总额																				
（二）所有者投入和减少资本	500,000.00										200,000.00									
1.所有者投入的普通股	500,000.00										200,000.00									
2.其他权益工具持有者投入资本																				
3.股份支付计入所有者权益的金额																				
4.其他																				
（三）利润分配	0.00																			
1.提取盈余公积																				
2.对所有者（或股东）的分配																				
3.其他																				
（四）所有者权益内部结转	0.00																			
1.资本公积转增资本（或股本）																				
2.盈余公积转增资本（或股本）																				
3.盈余公积弥补亏损																				
4.设定受益计划变动额结转留存收益																				
5.其他																				
四、本期期末余额	1,000,000.00										500,000.00									

图 5-1　所有者权益变动表

5.4.2　主要计算项目

所有者权益变动表中各个计算项目有其表述的意义，现对表中的计算项目以及其在表中的逻辑关系进行讲述，如图5-2所示为一张所有者权益变动表。

所有者权益变动表

编制单位：

项目	本年金额									
	实收资本（或股本）	其他权益工具			资本公积	减:库存股	其他综合收益	盈余公积	未分配利润	所有者权益合计
		优先股	永续债	其他						
一、上年年末余额										
加：会计政策变更										
前期差错更正										
其他										
二、本年年初余额										
三、本期增减变动金额（减少以"-"号填列）										
（一）综合收益总额										
（二）所有者投入和减少资本										
1.所有者投入的普通股										
2.其他权益工具持有者投入资本										
3.股份支付计入所有者权益的金额										
4.其他										
（三）利润分配										
1.提取盈余公积										
2.对所有者（或股东）的分配										
3.其他										
（四）所有者权益内部结转										
1.资本公积转增资本（或股本）										
2.盈余公积转增资本（或股本）										
3.盈余公积弥补亏损										
4.设定受益计划变动额结转留存收益										
5.其他										
四、本期期末余额										

图 5-2　所有者权益变动表

◆　上年年末余额项目

上年年末余额项目是反映企业上年资产负债表中实收资本（或股本）、资本公积、盈余公积和未分配利润的年末余额。

◆　会计政策变更和前期差错更正项目

会计政策变更和前期差错更正项目是分别反映企业采用追溯调整法处理的会计政策变更的累积影响金额和采用追溯重述法处理的会计差错更正的累积影响金额。

为了体现会计政策变更和前期差错更正的影响，企业应当在上期期末所有者权益余额的基础上进行调整，得出本期期初所有者权益。

◆　本年年初余额

本年年初余额是依据上年年末金额、会计政策变更和前期差错更正的相加数额填列。

◆　本年增减变动额项目

本年增减变动额项目分别反映如下内容。

【"综合收益总额"项目】

该项目反映企业当年根据企业会计准则规定未在损益中确认的各项利得和损失扣除所得税影响后的净额，并对应列在"资本公积"栏。

【"所有者投入和减少资本"下各项目】

该项目反映企业当年所有者投入的资本和减少的资本。其中：

①"所有者投入的普通股"项目，反映企业接受普通股投资者投入形成的实收资本（或股本）和资本公积，并对应列在"实收资本"和"资本公积"栏。

②"其他权益工具持有者投入资本"项目，反映企业接受其他权益工具持有者投入形成的实收资本（或股本）和资本公积，并对应列在"实收资本"和"资本公积"栏。

③"股份支付计入所有者权益的金额"项目，反映企业处于等待期中的权益结算的股份支付当年计入资本公积的金额，并对应列在"资本公积"栏。

【"利润分配"下各项目】

该项目反映当年对所有者（或股东）分配的利润（或股利）金额和按照规定提取的盈余公积金额，并对应列在"未分配利润"和"盈余公积"栏。其中：

①"提取盈余公积"项目，反映企业按照规定提取的盈余公积，应填列在"盈余公积"栏。

②"对所有者（或股东）的分配"项目，反映对所有者（股东）分配的利润（股利）金额，应当填列在"未分配利润"栏。

【"所有者权益内部结转"下各项目】

该项目反映不影响当年所有者权益总额的所有者权益各组成部分之间当年的增减变动，包括资本公积转增资本（或股本）、盈余公积转增资本（或股本）、盈余公积弥补亏损以及设定受益计划变动额结转留存收益等项金额。其中：

①"资本公积转增资本（或股本）"项目，反映企业以资本公积转增资本或股本的金额。

②"盈余公积转增资本（或股本）"项目，反映企业以盈余公积转增资本或股本的金额。

③"盈余公积弥补亏损"项目，反映企业以盈余公积弥补亏损的金额。

④"设定受益计划变动额结转留存收益"项目，反映企业设定受益计划发生变动的金额。

5.4.3　企业利得

所有者权益变动表是企业资产负债表对所有者权益的补充说明体现，通过表中各项目对应的各个所有者权益科目的变动金额，能反映企业投入股本及留存收益的变化。

股本是企业的基石，通过资金的投入才能促进企业的发展；留存收益是企业经营成果的体现，企业只有经营状况良好有序，才会具备留存收益。

而未分配利润则是企业利得的完美体现，不管企业是亏损或者盈利，未分配利润都会有数额，正数代表企业盈利而未分配的利润，负数则代表企业的亏损。因而，通过所有者权益变动表，可以从中一探究竟企业的利得。

5.4.4　会计政策变更

会计政策变更是指企业对相同的交易或事项由原来采用的会计政策改用另一会计政策的行为。比较常见的会计政策变更有：坏账损失的核算在直接转销法和备抵法之间的变更、外币折算在现行汇率法和时态法或其他方法之间的变更等。

企业选用的会计政策不得随意变更，但在符合下列条件之一时，企业可以变更会计政策。

◆　法律、行政法规或国家统一的会计制度等要求变更

这种情况是指按照法律、行政法规以及国家统一的会计制度的规定，要求企业采用新的会计政策，在这种情况下，企业应按规定改变原会计政策，采用新的会计政策。

◆　会计政策的变更能够提供更可靠、更相关的会计信息

这一情况是指由于经济环境、客观情况的改变，使企业原来采用的会计政策所提供的会计信息已不能恰当地反映企业的财务状况、经营成果和现金流量等情况，在这种情况下，应改变原有会计政策，按新的会计政策进行核算，以对外提供更可靠、更相关的会计信息。

但企业因满足上述第二条的条件变更会计政策时，必须有充分、合理的证据表明其变更的合理性，并说明变更会计政策后，能够提供关于企业财务状况、经营成果和现金流量等更可靠、更相关会计信息的理由。

如无充分、合理的证据表明会计政策变更的合理性或者未经股东大会等类似机构批准擅自变更会计政策的，或者连续、反复地自行变更会计政策的，视为滥用会计政策，按照前期差错更正的方法进行处理。

5.4.5 前期差错更正

前期差错通常包括计算错误、应用会计政策错误、疏忽或曲解事实以及舞弊产生的影响。企业应当在附注中披露与前期差错更正有关的下列信息：前期差错的性质；各个列报前期财务报表中受影响的项目名称和更正金额；无法进行追溯重述的，说明该事实和原因以及对前期差错开始进行更正的时点具体更正情况。

在以后期间的财务报表中，不需要重复披露在以前期间的附注中已披露的会计政策变更和前期差错更正的信息。

6

企业的秘密：财务报表附注

财务报表附注是对企业财务报表本身难以具体表述和体现的企业经营状况的补充说明，它隐藏了企业财务分析核算的诸多秘密。本章，大家一起来揭开财务报表附注中企业隐藏的小秘密吧！

【本章要点】

财务报表附注内容及结构

财务报表附注优劣介绍

怎样读懂财务报表附注

举例财务报表附注

财务报表附注内容及结构

财务报表附注可以为我们揭示在财务报表中未向我们揭示的企业信息，比如企业的基本状况，企业的存货、固定资产核算方式，企业报表中各项目的具体组成形式等。本节详细地为大家揭秘财务报表附注的具体内容。

6.1.1 何为企业财务报表附注

财务报表附注是对资产负债表、利润表、现金流量表和所有者权益变动表等报表中列示项目的文字描述或明细资料，以及对报表中未详细说明或未说明的企业财务状况的解释。通过财务报表附注，我们可以更全面地了解企业的经营状况。

财务报表附注是财务报告体系的重要组成部分，在整个财务报告体系中的地位日益突出，具有如下突出的特征。

◆ **附属性：**虽然财务报表附注是企业财务报告的组成部分，也是对企业财务报表的解释说明，但其在财务报告中的地位并非就是超越财务报表而独立存在，它与财务报表之间有一个从属关系。财务报表附注依托财务报表而存在，需要有财务报表才发挥其作用。财务报表通过附注的延伸、说明，更加有效实现财务报表的功能，所以二者相辅相成。

◆ **解释性：**财务报表是企业会计信息的强有力浓缩，从表中我们并不能很好地知道企业编制财务报表的基础是什么，企业会计核算方法是什么，企业财务报表编制的依据与方法以及不同企业会计信息的差异在哪儿等信息。这些事项的解释说明我们只能从财务报表附注中去找寻答案。

◆ **补充性：**财务报表附注是对企业财务报表信息的拓展，通过其文字信息说明，辅助一些统计资料和定性信息，弥补财务报表信息的不足，进而更加全面反映企业的机遇与风险，体现企业信息的完整性。

◆ **必要性：**财务报表附注的编写是对企业增强财务报告灵活性的要求，也是满足使用者更全面了解企业状况的必要要求，因而保证企业财务报告体系的完整性，财务报表附注的存在具有重要的价值。

6.1.2 财务报表附注有哪些要求

我们简单认识了财务报表附注，在实际工作过程中，对于财务报表附注的编写，具体有哪些特定的要求呢？如图6-1所示。

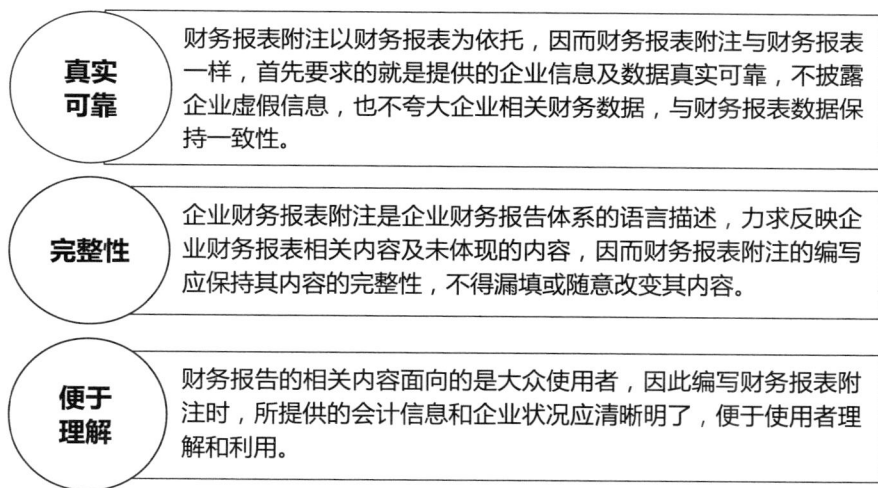

真实可靠	财务报表附注以财务报表为依托，因而财务报表附注与财务报表一样，首先要求的就是提供的企业信息及数据真实可靠，不披露企业虚假信息，也不夸大企业相关财务数据，与财务报表数据保持一致性。
完整性	企业财务报表附注是企业财务报告体系的语言描述，力求反映企业财务报表相关内容及未体现的内容，因而财务报表附注的编写应保持其内容的完整性，不得漏填或随意改变其内容。
便于理解	财务报告的相关内容面向的是大众使用者，因此编写财务报表附注时，所提供的会计信息和企业状况应清晰明了，便于使用者理解和利用。

图6-1 财务报表附注编写要求

6.1.3 财务报表附注包括哪些内容

财务报表附注是按照一定的规则进行编制的，无论是对于企业利好或不利好的消息，只要是企业重要的信息，都要在附注中进行披露。会计准则要求企业财务报表附注至少需披露以下相关内容，总体来说，主要有 4 个方面。

◆ 企业基本情况

此部分主要介绍企业的成立时间、注册地址、法定代表人、统一社会信用代码、注册资本、实收资本、公司类型以及经营范围等。

◆ 主要会计政策和会计估计

企业应该披露其采用的主要会计政策和会计估计，主要内容包括如表 6-1 所示。

表 6-1　采用的会计政策和会计估计

项目	描述
企业的会计制度	企业在会计核算中是采用的《企业会计准则》，还是《小企业会计准则》等需要在财务报表附注中说明
会计年度	企业的会计年度通常都是公历 1 月 1 日至 12 月 31 日。但不排除特殊的，所以也需在附注中说明
记账本位币	需要披露企业记账本位币是人民币还是其他相关的外币
记账基础和计价原则	主要说明企业的记账准则是以权责发生制为准则还是收付实现制的记账准则，以及企业各项资产的计价原则，一般而言是以其实际成本或者历史成本计价等，资产发生减值时，按照相关政策计提相应的减值准备
现金等价物确定标准	是企业以何种标准来确认企业的现金等价物，一般来说，是将其持有的期限短（一般是指 3 个月内）、流动性强、易于转换为已知金额现金、价值变动风险很小的投资，确认为现金等价物
应收账款坏账核算方法	此项主要是说明企业确认坏账的标准，企业核算应收账款坏账损失是采用直接转销法还是备抵法等
存货核算方法	主要披露企业存货包括范围，存货核算采用先进先出法、加权平均法还是个别计价法等，以及存货跌价准备等信息
固定资产计价和折旧方法	主要包括企业对固定资产定义的规定，固定资产采用实际成本计价还是历史成本计价的固定资产计价方法，以及企业采用的固定资产折旧方法，是年限平均法还是工作量法等、相关折旧年限和净残值等相关内容
在建工程核算方法	披露企业在建工程计价方法，比如企业以实际成本计价，并列示其转入固定资产的原则
无形资产计价和摊销方法	即揭示企业无形资产的定义、无形资产入账原则、无形资产摊销方法和摊销年限以及无形资产的减值准备相关处理等

续表

项目	描述
无形资产计价和摊销方法	即揭示企业无形资产的定义、无形资产入账原则、无形资产摊销方法和摊销年限以及无形资产的减值准备相关处理等
收入确认方法	即企业确认其收入的原则和相关方法的解释
长期待摊费用摊销方法	披露企业长期待摊费用记账规则，长期待摊费用摊销方法及时间限制等
利润分配顺序	是规定企业按《公司法》的相关规定，对利润进行分配的顺序，是先弥补企业以前年度亏损，再提取法定盈余公积，最后再向投资者分配利润
所得税的会计处理方法	揭示企业采用的所得税会计处理方法，一般采用应付税款法。揭露企业主要税项及相关税率等

企业的会计政策与会计估计一经确定，一般不允许更改，如遇重大环境变化确需修改，应在财务报表附注中予以披露。

◆ 重要报表项目的说明

企业要在财务报表附注中对重要报表项目的构成与当期增减变动的情况以文字或表格的形式进行说明，并列示相关的具体数额，依次以资产负债表、利润表、现金流量表和所有者权益变动表的顺序及项目进行列示。

◆ 其他需要说明的重要事项

本部分包括关联方关系及其交易、或有事项、承诺事项、资产负债表日后事项和其他重要事项的披露等。在结尾的部分，还需披露企业财务报表附注报出机构及日期。

6.1.4 重要报表项目那些事儿

重要报表项目是对财务报表项目数字的细化解释，如会对财务报表中应收账款项目列示到其对应的客户和相关的账龄，也会披露利润表中各个项目的具体明细，如营业收入、销售费用和管理费用等。下面我们来对财务报表附注中的重要报表项目进行展示，如表6-2所示。

表 6-2　重要报表项目及介绍

项目	描述
货币资金	货币资金按照其组成部分进行列示，主要包括现金、银行存款和其他货币资金。如果企业包含了外币资金，则也需单独列示，主要需体现其期初余额与期末余额
应收票据及应收账款	现应收票据合并于应收账款在财务报表中通过一个科目体现，在财务报表附注中应收票据要单独列示说明，主要包括银行承兑票据和商业承兑票据。应收账款要按照企业形成应收账款的时间，分账龄对应收账款进行分类体现，并对不同账龄的应收账款提取坏账准备。对于应收账款形成的客户群，大额的应收账款要列示客户明细
预付账款和其他应收款	预付账款和其他应收款的列示说明和应收账款的列示说明一致，需根据形成时间按规定分年初数和年末余额体现；按比例提取其他应收款坏账准备，并列举对应的单位名称与金额
存货	企业的存货在财务报表附注中要按照存货的明细进行列示，企业的存货包括原材料、在途物资、库存商品等，这些都要在财务报表附注中体现，这样才能看出企业存货的具体构成，从而分析企业存货的合理性
固定资产	固定资产要按照企业固定资产的类别列示，如企业构成固定资产的种类包括办公设备、房屋建筑物、机器设备、电子设备等。在列示固定资产时，要将固定资产的原值和其累计折旧额一并进行列示说明
无形资产	企业的无形资产包括企业的土地使用权和专利等方面。在财务报表附注中披露时要说明企业的土地面积、土地批号等；专利需注明专利名称、专利号等
应付票据及应付账款	与应收票据及应收账款科目的列示一样，按照账龄列示，并列示相关应付单位名称及金额
应交税费	应交税费是对企业各种需缴纳的税款进行列示，如增值税、城建税、企业所得税、印花税等税种
实收资本	实收资本按照投资者的姓名、投资金额以及所占投资比例进行列示
主营业务收入	主营业务收入按照企业收入类别进行列示，一般会结合其对应的成本进行毛利的列示说明
期间费用	期间费用包括企业的销售费用、管理费用和财务费用，在财务报表附注中，需要对这三大费用的具体构成明细进行列示，例如销售费用由宣传费用、差旅费用等构成。在财务报表附注中要体现本期各项费用的发生额
其他项目	其他项目的说明是对企业相关项目进行列示说明，比如企业的利润分配、企业的现金流量相关情况等

6.1.5 财务报表附注在财务分析中的作用

财务报表附注对财务分析具有重要的意义与作用，不是凭空产生的，它主要有以下 3 点。

◆ 分析企业财务状况的作用

在市场经济发展的今天，企业处于不断变化的经济环境中，企业会面临许多突发状况，因此需要具备良好的财务弹性，加强企业对于多变的市场的适应性。

在阅读企业财务报表附注时，我们可以知道企业的资金来源渠道是否稳定，企业的筹资渠道是否具有保障。在贷款项目中，企业如果已经使用了银行贷款项目，我们就要从其他方面考察企业的变现能力；企业的负债情况如果比较沉重，那么会影响企业对其现有资产的支配能力，从而影响企业的经营财务状况。

◆ 分析企业盈利能力的作用

企业的盈利能力是企业良好发展的动力，除了可以从企业的财务报表中大致了解企业的盈利能力，财务报表附注也是对我们把控企业盈利能力的另一种工具。通过财务报表附注，我们能准确了解企业的经营活动性质和经营活动的财务影响，从而认清企业发展的趋势、未来战略目标以及其发展的影响因素和实现目标采取的措施等。

◆ 分析企业资产管理效率的作用

财务报表上看到的都是数字，单纯从这些数字中我们很难对资产管理情况形成系统的认识，但当我们结合财务报表附注来看时，就会对企业各项资产管理效率的高低形成清晰的认识，也有助于我们对企业未来资产的管理效率及其他状况做出预测，促进资产管理的效益最大化。

6.1.6 财务报表"助读器"

我们读财务报表，不只是停留于表面的读，要读透财务报表，不是只是看表中的数字。为了更好地理解财务报表，了解企业相关状况，就不得不借助财务报告体系中的财务报表的"助读器"——财务报表附注。

前面我们已经了解了财务报表附注的基本结构和内容，知道借助财务报表附注，我们首先就能够读到企业的基本信息情况，这是企业最基本的简介，也是报表使用者对企业最初的印象，这是我们在财务报表主表中所不能了解到的。

财务报表附注也能帮助我们更全面地了解企业单位相关的会计政策，对于财务报告中的四大主表，我们无法从表格数字更好地去探查企业采用的会计政策，以及主要会计项目的计价方法和核算方法，因为在实际的业务过程中，不同的行业、不同的企业性质和企业规模或者是相同类型的企业在结合自身企业实际情况，所采用的财务核算办法都会有差别。企业财务报表附注很好地帮助我们去对不同行业、不同企业的财务核算进行对比，从而提升对企业信息的把握度。

企业财务报表附注中有对财务报表各个明细科目的阐述，通过财务报表附注，我们可以知道企业应收、应付账款等的账龄，能大致推算企业资金回收周期，企业变现能力的强弱；也能探视企业营业收入的组成部分，企业各项经营收入在整个营业收入中的比重，并与上年同期数据作对比，找出数据变化和相差的缘由；也能帮助我们读透企业各项费用支出结构，使企业决策者在重点支出项目中进行成本费用的控制，提高企业利润。

6.2
财务报表附注优劣介绍

财务报表附注虽是财务报表的"助读器"，能帮助我们更好地理解财务报表和企业状况，但任何事情都有两面性，有优点就有缺陷。财务报表附注在会计信息披露上也并非 100% 完美，也具有一定其局限。在认识财务报表附注的优势之前，先来了解财务报表在信息披露方面的"缺陷"。

6.2.1 财务报表在信息披露上的"缺陷"揭秘

在企业信息披露上，不管是对于企业而言，还是对于投资者而言，财务报表能为我们提供的信息都十分有限，并不能满足我们对于财务信息使用的要求，其存在的不足主要有如下 3 点。

◆ 不能反映质量水平

财务报表仅仅是数字列示，不能反映某些重要的资产类项目和利润收益的质量水平。比如对于企业存货，资产负债表只列示了其总额，至于其分别由多少原材料、多少库存商品等组成，我们无法从报表中得到相应的数据。比如对于一个制造类生产企业来说，期末 800 万元的存货，如果是原材料和库存商品各 400 万元，我们基本可以接受；但如果 800 万元全部为库存商品，我们就会忍不住要思考一下，企业生产是连续的，截至本月底企业没有任何原材料的话，下月企业怎么开工？企业没有任何原材料，却留存了如此多的库存商品，原因是什么？其产品目前的销量怎么样，是不是存在滞销问题？所有这些疑问，都反映出企业生产经营中可能存在问题。如果仅仅看到一个存货总额，又怎么能了解企业的这些真实状况呢？

◆ 只能反映已发生的事项

财务报表中反映的信息都是历史的、过去的、已经发生的经济业务事项，而对于会影响企业发展的未来事项丝毫没有提及。企业是持续经营的，也只有这样才能生存和发展，正因为其持续性，我们才能通过阅读过去事项产生的财务数据 来预测和评估企业未来的发展。

而现实生活中，有很多未来将要发生的事项在本期已经有征兆，有的事项甚至在本期已经发生，只是不能用金额准确地计量，所以不能在报表中体现，而这些事项有可能就是影响报表使用者做决策的主导因素。

◆ 忽略了许多重要项目细节

财务报表反映的信息具有高度浓缩性，往往删略了许多重要项目的细节，而这些细节很可能是分析财务报表时所必需的。比如针对货币资金项目，企业可能只列余额 300 万元，在外汇管制的时期，对于一个原材料主要依靠进口的企业来说，需要大量的外币来周转，那么这300万元的货币资金中，有多少是人民币，多少是外币呢？财务报表不能告诉报表使用者这些信息。

6.2.2　财务报表附注的优点展示

由于财务报表附注是对财务报表信息所做的解释说明，因此其可以弥补财务报表在信息披露上的"缺陷"具体优点有如下4点。

◆ 它拓展了企业财务信息的内容，打破了3张主要报表内容必须符合会计要素的定义，又必须同时满足相关性和可靠性的限制。因为财务报表更多是为我们展示综合科目的数据结果，从表中无法具体探查各个项目的明细账目，对于财务报告的使用并不能发挥其最大的作用。而财务报表附注是对财务报表的延伸，能更好地提高财务分析的准确性和有效性。

◆ 它突破了揭示项目必须用货币加以计量的局限性，会计财务报表中数据的核算必须以货币计量，计量出会计项目的各个数额。但财务报表附注中对会计项目采用文字及表格的形式进行阐述，帮助我们在财务分析的过程中更好地理解相关会计项目，也更有助于分析企业的变现能力、偿债能力和盈利能力。

◆ 它充分满足了企业财务报告是为其使用者提供有助于经济决策的信息的要求，增进了会计信息的可理解性。对于不懂财务的人来说，只看财务报表，他们似乎只看到了一堆数字，对其他的企业相关信息一头雾水。但结合财务报表附注，它们可以获取企业更多的信息，提高对企业财务信息的理解程度，保证其决策的可靠性。

◆ 它还能提高会计信息的可比性。比如，通过揭示会计政策的变更原因及事后的影响，可以使不同行业或同一行业不同企业的会计信息的差异更具可比性，从而便于进行对比分析。

6.2.3 财务报表附注的局限性分析

虽然财务报表附注增强了财务信息的可理解性、可比性和充分性，但就目前国内企业对外报出的附注资料来看，附注本身还存在很多问题，需要完善的地方还很多，具体表现如图6-2所示。

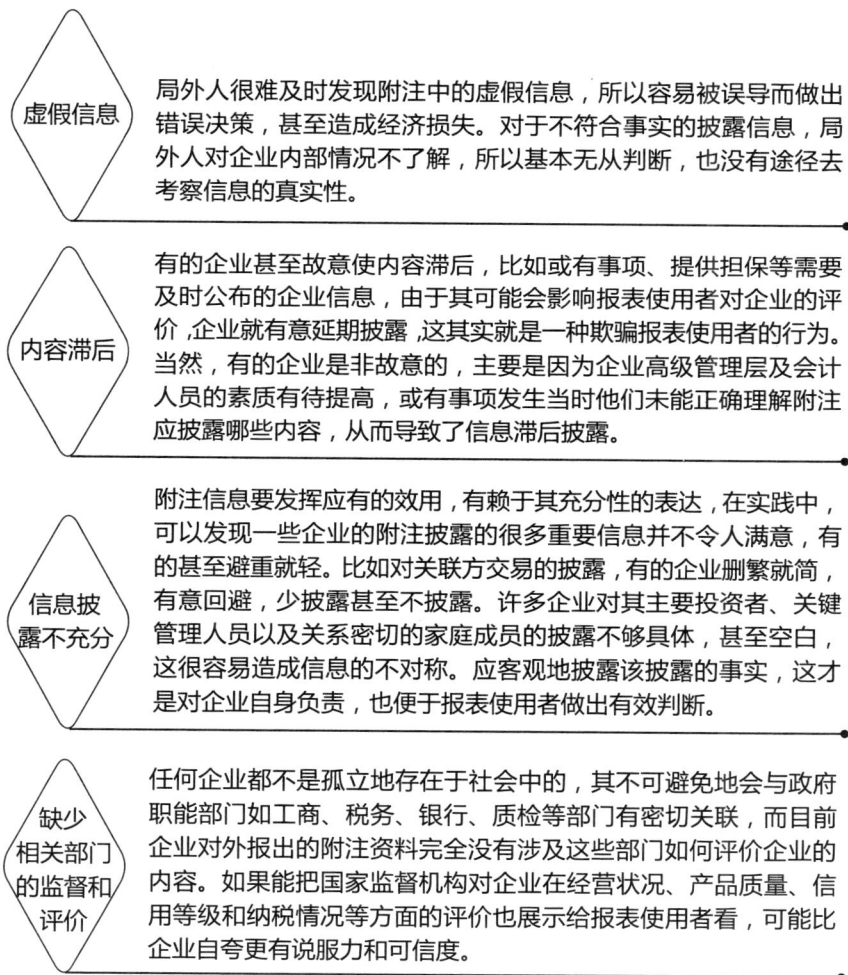

虚假信息
局外人很难及时发现附注中的虚假信息，所以容易被误导而做出错误决策，甚至造成经济损失。对于不符合事实的披露信息，局外人对企业内部情况不了解，所以基本无从判断，也没有途径去考察信息的真实性。

内容滞后
有的企业甚至故意使内容滞后，比如或有事项、提供担保等需要及时公布的企业信息，由于其可能会影响报表使用者对企业的评价,企业就有意延期披露，这其实就是一种欺骗报表使用者的行为。当然，有的企业是非故意的，主要是因为企业高级管理层及会计人员的素质有待提高，或有事项发生当时他们未能正确理解附注应披露哪些内容，从而导致了信息滞后披露。

信息披露不充分
附注信息要发挥应有的效用，有赖于其充分性的表达，在实践中，可以发现一些企业的附注披露的很多重要信息并不令人满意，有的甚至避重就轻。比如对关联方交易的披露，有的企业删繁就简，有意回避，少披露甚至不披露。许多企业对其主要投资者、关键管理人员以及关系密切的家庭成员的披露不够具体，甚至空白，这很容易造成信息的不对称。应客观地披露该披露的事实，这才是对企业自身负责，也便于报表使用者做出有效判断。

缺少相关部门的监督和评价
任何企业都不是孤立地存在于社会中的，其不可避免地会与政府职能部门如工商、税务、银行、质检等部门有密切关联，而目前企业对外报出的附注资料完全没有涉及这些部门如何评价企业的内容。如果能把国家监督机构对企业在经营状况、产品质量、信用等级和纳税情况等方面的评价也展示给报表使用者看，可能比企业自夸更有说服力和可信度。

图6-2 财务报表附注存在的问题

6.3
怎样读懂财务报表附注

了解了这么多财务报表附注的知识，真正拿到一个企业的财务报表附注时我们要怎么去读？要从中读到哪些信息才是对我们更全面地了解企业财务状况有帮助的呢？

6.3.1 读懂财务报表附注前奏——附注大纲

古时有"行军打仗，粮草先行"，今有做任何事情都有计划章程。对于读财务报表附注，我们首先要读的就是其附注大纲。附注大纲就好比一篇文章的目录，通过大纲我们能够知道所读的财务报表附注讲解的是些什么，为我们提供的是企业哪些财务信息。一般财务报表附注大纲的内容如表6-3所示。

表6-3 附注大纲

序次	内容
1	企业基本情况介绍，包括企业的名字、成立时间、注册资本、营业范围等
2	重要会计政策和会计估计的说明
3	财务报表重要事项说明
4	其他重大会计事项说明等

读企业基本情况，我们要读懂企业是何时成立的，企业的注册资本是多少，企业的经营范围是什么这些重要的信息；读重要的会计政策和会计估计的说明，就要知道企业的会计准则、会计各项目的核算依据与计价原则采用的是哪种，这是企业财务核算的重要依据；财务报表重要事项说明是财务报表附注的核心灵魂，在这部分附表大纲中，我们要读懂所读企业在财务报表附注中列示了哪些重要的报表项目，一般而言，只要企业对应的报表项目有

发生额，财务报表附注中都会进行列示说明，所以，通过这部分附注内容也能反映出企业的主要业务发生在什么地方；其他重大事项说明是企业应该进行披露的其他重要事项，比如股权的变更等。

6.3.2　读懂财务报表附注的主体

财务报表附注的主体部分包括企业的会计政策和会计估计的说明以及财务报表重要项目说明，对于主体部分，我们该如何来读呢？

对于会计政策和会计估计的说明部分，我们首先要从文字说明上去理解企业的各方面会计政策、企业会计核算的方法与计价原则。在实践过程中，企业的会计准则可以是企业会计准则，也可以是小企业会计准则，这是在我们了解一个企业财务核算方法前首先需要了解的事项，也是财务报表附注中会计政策首先披露的内容。另外，我们要读企业的固定资产等存货采用何种方式计价，以什么方法折旧和核算存货成本，以及企业的税负税率情况如何。

财务报表附注重要报表项目是重点阅读对象，结合企业财务报表，对财务报表附注中列示的财务报表重要项目进行一一解读。对比期初数与期末数，分析变动原因，知道企业与客户、供应商的上下游发展方向；读懂企业收入构成模式、重点经营销售方向在哪里、企业的成本费用支出方式在哪儿、费用支出是否合理、是否可以从大额支出项目控制支出金额，促进利润的提高。

6.3.3　读懂财务报表附注的补充说明

财务报表附注除了主体的内容，还会对企业的其他事项进行解释说明，如企业的关联交易事项，或者企业相关的股权变更事项。财务报表附注的补充说明虽然在整个财务报表附注中占据的篇幅很短，但它对于我们更全面地了解企业状况具有不可忽视的作用。

企业是否存在关联交易，我们从财务报表中是无法知道的，但是财务报表附注会对此交易进行披露，使报表使用者能够知道企业是否有关联交易以及关联交易的具体情况如何。

企业股权变更也是企业可能发生的业务，相同数额的股权从一个股东转到另一个股东，财务报表上并不会体现出来，但财务报表附注必须对此事项的发生进行披露，由此我们也能读懂企业在当期的股权变更具体事宜。

6.4
举例财务报表附注

××公司

2018 年度会计报表附注

一、公司基本情况

××公司成立于××年×月×日，注册地址：×××××××××；法定代表人：××；注册号：×××××××××；注册资本：×万元（人民币）；实收资本：×万元（人民币）。公司类型：有限责任公司；经营范围：×××××××（营业执照经营范围）。

二、主要会计政策和会计估计

1. 会计制度

本公司执行《企业会计准则》及其补充规定。

2. 会计年度

本公司会计年度为公历 1 月 1 日至 12 月 31 日。

3. 记账本位币

本公司以人民币为记账本位币。

4. 记账基础和计价原则

本公司以权责发生制为记账基础，各项财产按取得时的实际成本计价，其后各项财产如果发生减值，按财政部的有关规定计提相应的减值准备。

5. 现金等价物确定标准

本公司将持有的期限短（一般是指从购买日起 3 个月内到期）、流动性强、易于转换为已知金额现金、价值变动风险很小的投资，确定为现金等价物。

6. 应收账款（坏账核算方法）

本公司坏账确认标准为：（1）因债务人破产或死亡，以其破产财产或遗产清偿后，仍然不能收回的部分；（2）债务人逾期未履行其偿债义务，并且具有确凿证据表明无法收回或收回的可能性不大。本公司采用直接转销法核算应收款项的坏账损失。

7. 存货核算方法

本公司存货包括在生产经营过程中为销售或耗用而储备的原材料、低值易耗品、自制半成品、在产品、库存商品等。

存货的日常核算采用实际成本法。原材料、库存商品的发出成本按移动加权平均法计算确定。低值易耗品在领用时采用一次摊销法核算。

期末存货采用成本与可变现净值孰低计量，对可变现净值低于存货成本的差额，计提存货跌价准备。

8. 固定资产计价和折旧方法

本公司固定资产指使用期限超过 1 年的房屋、建筑物、机器、机械、运输工具以及其他与生产经营有关的设备、器具、工具等，以及不属于生产经营主要设备的、单位价值 2 000 元以上，并且使用期限超过 2 年的物品。

固定资产按取得时的实际成本计价。

固定资产折旧采用直线法计算。固定资产分类、净残值率、折旧年限、年折旧率如下：

类别	预计使用年限（年）	年折旧率	净残值率
办公设备	5	19%	5%
房屋建筑物	20	4.75%	5%
其他设备	5	19%	5%
运输设备	10	11.875%	5%

期末，本公司对由于市价持续下跌或技术陈旧、损坏、长期闲置等原因导致单项固定资产产生可收回金额低于其账面价值的，按可收回金额低于其账面价值的差额计提固定资产减值准备，计入当期损益。

9. 在建工程核算方法

在建工程按实际成本计价，在所建造的固定资产达到预定可使用状态时，根据工程造价或工程实际成本转入相关资产。

10. 无形资产计价和摊销方法

其他无形资产是指为生产商品、提供劳务，出租给他人或为管理目的而持有的、没有实物形态的非货币性长期资产。

无形资产按取得时的实际成本计价。购入的无形资产，按实际支付的价款作为实际成本；投资者投入的无形资产，按投资各方确认的价值作为实际成本；自行开发并按法律程序申请取得的无形资产，按依法取得时发生的注册费、聘请律师费等费用作为无形资产的实际成本，在研究与开发过程中发生的材料、工资及其他费用直接计入当期损益。

无形资产自取得当月起按预计使用年限、法律规定年限、合同规定年限三者中最短者分期平均摊销，计入当期损益。法律、合同均未规定年限的，摊销年限不超过 10 年。

期末，本公司对由于市价下跌或已被其他新技术等所代替、已超过法律保护期限等原因，表明已经发生减值的无形资产，按可收回金额低于其账面价值的差额计提无形资产减值准备，计入当期损益。

11. 长期待摊费用摊销方法

本公司长期待摊费用是指已经支出，但摊销期限在 1 年以上（不含 1 年）的各项费用。

长期待摊费用在费用项目的受益期限内分期平均摊销。

如果长期待摊费用项目不能使以后会计期间受益的，则将尚未摊销的该项目的摊余价值全部转入当期损益。

12. 收入确认方法

本公司销售商品，是以商品所有权上的主要风险和报酬已经转移给购货方，本公司不再对该商品实施继续管理权和控制权，与交易相关的经济利益很可能流入本公司，相关的收入和成本能够可靠地计量时，确认收入的实现。

本公司提供劳务，在同一会计年度内开始并完工的，在劳务已经提供、价款已经收到或取得了收款的证据时，确认收入的实现；如劳务的开始和完工分属不同的会计年度，在提供劳务交易的结果能够可靠估计的情况下，在资产负债表日按完工百分比法确认收入的实现。

他人使用本公司资产，是以交易已经发生，与交易相关的经济利益能够流入本公司，收入的金额能可靠地计量时，确认收入的实现。

13. 所得税的会计处理方法

本公司采用应付税款法核算所得税。

14. 利润分配方法

按适用于本公司的有关法规及章程的规定，本公司税后利润按下列顺序分配：

（1）弥补以前年度亏损。

（2）提取法定盈余公积金 10%。

（3）支付股利。

15. 税项

增值税：13%。

城建税：7%。

教育费附加：3%。

地方教育费附加：2%。

企业所得税：本公司按照应纳税所得额依税率 25% 计算缴纳企业所得税。

个人所得税：本公司员工的个人所得税由个人承担，本公司代扣代缴。

三、财务报表主要项目注释

1. 货币资金

（1）项目如下：

项　目	期初数	期末数
现金		
银行存款		
合计		

（2）银行存款中无定期存款；无保证金存款。

2. 应收账款期末余额：×元。

（1）账龄分析

账　龄	期初余额			期末余额		
	金额	比例％	坏账准备	金额	比例％	坏账准备
1年以内						
1~2年						
2~3年						
合　计						

（2）期末应收账款较大金额明细列示如下：

序号	客户名称	期末余额	备注
1	××有限公司	×××	
2	××有限公司	×××	
3	××有限公司	×××	
4	……		
合计		×××	占期末总额的　％

3. 其他应收款期末余额×元。

期末其他应收款前五位列示如下：

序号	客户名称	期末余额	备注
1	××有限公司	×××	
2	××有限公司	×××	
3	××有限公司	×××	
4	××有限公司	×××	
5	××有限责任公司	×××	
合计		×××	占期末总额的　％

4. 预付账款期末余额×元。

期末预付账款前五位列示如下：

序号	客户名称	期末余额	备注
1	×× 有限公司	×××	
2	×× 有限公司	×××	
3	×× 有限公司	×××	
4	×× 有限公司	×××	
5	×× 有限责任公司	×××	
合 计		×××	占期末总额的 %

5. 存货

项 目	期初余额		期末余额	
	金额	跌价准备	金额	跌价准备
原材料	×××		×××	
库存商品	×××		×××	
发出商品	×××		×××	
周转材料	×××		×××	
合 计	×××		×××	

6. 固定资产及累计折旧

项目	年初数	本年增加	本期减少	年末数
固定资产原值	×××	×××		×××
累计折旧	×××	×××		×××
固定资产净值	×××	×××		×××

7. 在建工程期末余额：× 元，项目如下：

序号	项 目	期末数
1	×× 项目	×××
2	……	
合 计		×××

8. 短期借款期末余额：× 元。明细如下：

债权人名称	借款金额（元）	备注
×× 支行	×××	
×× 支行	×××	
×× 信用社	×××	
×× 支行	×××	
合 计	×××	

9. 无形资产期末余额：× 元。土地使用权期末余额：× 元，土地使用权面积 ×
平方米，证号：×××××。专利权期末余额：× 元，专利权：×××，专利号：
××××××。

10. 应付账款：期末余额 ××× 元。前五位列示如下：

单　位	期末金额	账龄（备注）
×× 有限公司	×××	1 年以内
×× 有限公司	×××	1 年以内
××	×××	1 年以内
×× 有限公司	×××	1 年以内
×× 有限公司	×××	1 年以内
合　计	×××	占期末总额的　%

11. 应付职工薪酬期末余额：× 元。

12. 应交税费期末余额：× 元。

13. 其他应付款期末余额：× 元。

（1）账龄分析

账龄	期初数		期末数	
	金额	比例 %	金额	比例 %
1 年以内	×××		×××	
1~2 年	×××		×××	
合计	×××		×××	100

（2）期末较大金额的其他应付款列示如下：

单　位	期末金额	账龄（备注）
×× 有限公司	×××	1 年以内
×× 有限责任公司	×××	1 年以内
×× 有限公司	×××	1 年以内
×× 有限责任公司	×××	1 年以内
××	×××	1 年以内
合　计	×××	占期末总额的 ×%

14. 长期借款：期末余额 × 元。

债权人名称	借款金额（元）	备注
×× 支行	×××	
合计	×××	

15. 长期应付款：期末余额 × 元。

长期应付款列示如下：

单　位	期末金额	备注
×× 有限责任公司	×××	
×× 有限公司	×××	
合　计	×××	

16. 实收资本

投资者名称	期初数		期末数	
	金额	比例 %	金额	比例 %
×× 有限责任公司	×××	×××	×××	×××
合　计	×××	×××	×××	×××

17. 资本公积期末余额：× 元。

18. 未分配利润

项　目	期末数
①净利润	
加：期初未分配利润	
其他转入	
②可供分配的利润	
减：提取法定盈余公积	
提取法定公益金	
提取任意盈余公积	
应付普通股股利	
③期末未分配利润	

19. 主营业务收入及成本

类别	主营业务收入	主营业务成本	毛利
×××			
×××			
×××			
合计			

20. 销售费用本期发生额 × 元。

序号	项　目	本年发生数
1	运费	×××
2	业务招待费	×××
合计		×××

21. 管理费用本期发生额：× 元。

序号	项　　目	本年发生数
1	工资	×××
2	福利费	×××
3	劳保社保费	×××
4	折旧费	×××
5	办公费	×××
6	维修费	×××
7	电话费	×××
8	差旅费	×××
9	汽车费用	×××
10	邮电快递费	×××
11	业务招待费	×××
12	环卫费	×××
13	税金	×××
14	审计费	×××
15	宣传费	×××
16	无形资产摊销	×××
17	咨询费	×××
18	技术服务费	×××
19	研发支出	×××
20	其他	×××
21	服务费	×××
22	保险费	×××
23	上诉费	×××
合计		×××

22. 营业外收入本期发生额：× 元。

23. 营业外支出本期发生额：× 元。

24. 所得税费用本期发生额：× 元。

25. 本期经营活动产生的现金流量净额：× 元。

26. 本期投资活动产生的现金流量净额：× 元。

27. 本期筹资活动产生的现金流量净额：× 元。

28. 现金及现金等价物净增加额：× 元。

四、关联方关系及其交易

本公司无需披露的关联方关系及交易。

五、或有事项

本公司无需要披露的重大或有事项。

六、承诺事项

本公司无需要披露的重大承诺事项。

七、资产负债表日后事项

八、本公司无需要披露的重大资产负债表日后事项。

九、其他重要事项

本公司无需要披露的其他重要事项。

×× 公司

企业负责人：××

主管会计工作负责人：××

会计机构负责人：××

×× 年 × 月 × 日

手把手
教你读懂财务报表

7

企业的盈利能力分析

企业成立一般以盈利为目的，盈利是企业追求的目标。一个企业要持续不断发展，自身最重要的条件就是盈利的能力，如果一个企业长期亏损，企业还会有信心经营下去吗？因而，盈利能力是企业重要的发展动力，是企业应重点关注的财务分析指标。

【本章要点】
销售毛利率
销售净利率
成本费用利润率
总资产报酬率

销售毛利率

企业经营最重要的是产品和服务有市场，可以在市场上得到认可。企业的销售活动是企业获利的最重要途径，销售毛利率更是考察企业盈利能力的重要分析指标之一。

7.1.1　何为销售毛利率

销售毛利率是分析企业盈利能力的一个非常重要的指标，反映企业营业活动流转额的初始火力能力以及企业获取利润的空间和时间情况，它是企业销售收入与销售成本的差额，与销售收入之间的比值。

销售毛利率是企业分析盈利能力首要考虑的指标，对企业、投资者和决策者都具有重要的作用。

企业盈利能力是反映公司价值的一个重要方面，企业的盈利能力越强，则其给予股东的回报越高，企业价值越大。而销售毛利率是一个能反映企业产品的竞争力和获利潜力的指标，对于企业投资者而言，企业获利能力越强，投资获取的收益越大。销售毛利率有助于企业选择投资方向，销售毛利率反映了企业产品销售的初始获利能力，是企业净利润的起点，没有足够高的毛利率便不能形成较大的盈利空间。

毛利率指标有助于预测企业的发展，衡量企业的成长性。在分析企业主营业务的盈利空间和变化趋势时，销售毛利率是一个重要指标，可以体现企业某一主要产品或主要业务的盈利状况，这对于判断企业核心竞争力的变化趋势及企业成长性极有帮助。

通过销售毛利率有助于发现企业是否隐瞒销售收入或者虚报销售成本。

有些企业逃税避税经常用的手法就是隐瞒销售收入或者通过虚报进货额虚增销售成本。根据计算企业毛利率指标，观察其波动是否在正常范围内，可以推测企业是否有通过虚报销售收入或隐瞒销售成本来虚增利润之嫌。

销售毛利率有助于发现企业潜在的问题，通过销售毛利率的变动，可以发现企业近期的经营业绩好坏，及时找出经营管理中存在的问题，提高企业的经营管理水平，加强企业内部经营管理工作。

7.1.2　销售毛利率的计算

对销售毛利率的基本概念和指标意义我们已有大概的认知，那销售毛利率如何计算呢？通常而言，销售毛利率的计算公式如下。

销售毛利率 =（销售收入 − 销售成本）/ 销售收入 ×100%

简单看公式可能对销售毛利率的理解还不是很深刻，下面我们通过一个例子来说明企业销售毛利率的计算。

【实账处理】——公司销售毛利率的计算

乙公司 2018 年 6 月销售收入 500 万元，相对应的销售成本为 400 万元，那么乙公司的销售毛利率为多少？

依据"销售毛利率 =（销售收入 − 销售成本）/ 销售收入 ×100%"可得：

乙公司 2018 年 6 月的销售毛利率 =（500−400）÷500×100%=20%

这是企业销售毛利率的简单计算，我们更重要的是要通过计算的对比，分析企业的经营能力，为企业发展决策提供数据的支撑。如表 7-1 所示的是乙公司 2018 年 6 月和 2018 年 7 月的销售收入与销售成本状况表。

表 7-1　乙公司 2018 年 6 月与 7 月销售收入与销售成本状况表

项目	2018 年 6 月	2018 年 7 月
销售收入	10 000 000.00	8 000 000.00
销售成本	8 000 000.00	5 000 000.00
销售毛利率	20.00%	37.50%

从表中能够看出，乙公司 2018 年 7 月相较于 2018 年 6 月而言，其销售毛利率上升了 17.50%。面对上涨幅度较大的销售毛利率，会思索甲公司在 2018 年 7 月因何而导致毛利率上涨如此之快，反过头去比较两个月的销售收入，7 月的总销售收入比 6 月下降了 20%，而销售成本却下降了 37.5%，说明 7 月乙公司销售成本的减少幅度大于收入的减少幅度，成本控制的效果显著。

7.1.3　销售毛利率的合理性分析

销售毛利率是企业获利能力的支撑，它反映企业竞争力的强弱，与同行业比较，如果企业的毛利率显著高于同业水平，说明企业产品附加值高，产品定价高，或与同行比较企业存在成本上的优势，有竞争力。

与历史比较，如果公司的毛利率显著提高，则可能是企业所在行业处于复苏时期，产品价格大幅上升。相反，如果销售毛利率显著降低，则可能是企业所在行业竞争激烈，而毛利率下降往往伴随着价格战的爆发或成本的失控，这种情况预示产品盈利能力的下降。但销售毛利率是否越高越好呢？

销售毛利率的高低与企业的技术水平、产品竞争力、市场定价能力等因素息息相关，一般而言，销售毛利率越高越好，因为高的毛利率带来的是更高的利润总额，企业在其他经营费用固定的情况下，其销售毛利率越高，则获得的净利润则越大。但也需考虑一个问题，企业所处行业的同水平的毛利率，如果一个零售企业的销售毛利率高达 50% 之多，那这肯定是不正常的，因为零售商品行业的特点是薄利多销，当自身企业的销售毛利率超出同行业的水平，就要从企业自身思考其销售毛利率的合理性，是否是因为自身进价成本低于同行业而引起销售毛利率的增长，或是自身零售商品的市场竞争力更具有优势等。

销售毛利率还需考虑的是企业增值税的问题，我们知道企业的增值税是与企业的销售毛利相关的，扣除其他购买情况，一般纳税人企业的增值税销项税额就是以企业的销售收入为基数乘以税率，而其可以抵扣的增值税进项税额就是企业购进成本取得的增值税发票的税额，所以企业的销售毛利越高，企业增值税的税负会上升。同样，在相同的费用条件下，企业的销售毛利率越高，企业所得税也会增加。所以高的销售毛利率引起的是企业税负的加重。因而，企业的销售毛利率比须具有合理性。

7.2
销售净利率

除了销售毛利，企业在经营过程中，除了产品自身的成本以外，还会附带着产品销售时发生的其他费用支出，这就是我们本节要探讨的销售净利。

7.2.1 销售净利率的神秘色彩

销售净利率是指企业实现净利润与销售收入的对比关系，用以衡量企业在一定时期的销售收入获取利润的能力，反映每一元销售收入带来的净利润的多少，表示销售收入的收益水平。

销售是企业最重要的经营活动，也是企业营收的最大途径，销售获取净利润的能力是企业维持发展的重要手段，企业通过分析销售净利率的升降变动，可以帮助企业在经营活动中找准经营的利弊，吸取好的经营措施，改正不好的决策，促使企业在扩大销售的同时，注意改进经营管理方法，提高盈利水平。因此，销售净利率对企业具有重要的作用。

在实际的经营中往往可以发现，企业在扩大销售的同时，由于销售费用、财务费用和管理费用的大幅增加，企业净利润并不一定会同比例增长，甚至会出现负增长。

因而，盲目扩大生产和销售规模未必会为企业带来正的收益，所以企业应关注每增加一元销售收入的同时，净利润的增减程度，由此来考察销售收入增长的效益。

7.2.2 销售净利率如何计算

销售净利率是净利润占销售收入的百分比，它与净利润成正比关系，与销售收入成反比关系。企业在增加销售收入额的同时，必须相应地获得更多的净利润，才能使销售净利率保持不变或有所提高。其计算公式如下。

销售净利率 = 净利润 ÷ 销售收入 × 100%

其中，净利润 = 利润总额 - 所得税费用 = 营业收入 - 营业成本 - 税金及附加 - 期间费用（销售费用 + 管理费用 + 财务费用）- 资产减值损失 + 公允价值变动收益（亏损为负）+ 投资收益（亏损为负）+ 营业外收入 - 营业外支出 - 所得税费用。

【实账处理】——公司销售净利率的计算

甲公司 2018 年 5 月与 2018 年 6 月的利润情况如表 7-2 所示。依据利润表的情况，计算出甲公司 2018 年 5 月与 6 月的销售净利率。

表 7-2　甲公司 2018 年 5 月与 6 月利润　　　　　　　　　单位：万元

项目	2018 年 5 月	2018 年 6 月
一、营业收入	5 000	5 500
减：营业成本	4 000	4 200
税金及附加	50	80
销售费用	300	250
管理费用	250	300
财务费用	50	30
二、营业利润（亏损以"-"号填列）	350	640
加：营业外收入	0	0
减：营业外支出	0	0
三、利润总额（亏损总额以"-"号填列）	350	640
减：所得税费用	87.50	160
四、净利润（净亏损以"-"号填列）	262.50	480

根据表 7-2 中数据可以分别计算出甲公司 2019 年 5 月和 2018 年 6 月的销售净利润。

依据"销售净利率 = 净利润 ÷ 销售收入 ×100%"可得：

甲公司 2018 年 5 月的销售净利率 =262.5÷5 000×100%=5.25%

甲公司 2018 年 6 月的销售净利率 =480÷5 500×100%=8.73%

对比可以发现，甲公司 2018 年 5 月销售净利率相较 2019 年 5 月增加了 3.48%，可以看出甲公司 6 月的销售活动的盈利能力增强。

7.3
成本费用利润率

企业为经营活动支付各项成本费用，以获取利润收益。在此期间，企业经营者会思索，在所获得的利润中，投入一元钱可以获得多少利润？这就是成本费用利润率。

7.3.1 成本费用利润率的魅力

成本费用利润率是全面探查企业通过各项耗费所取得的收益的指标，用于体现企业花费一元钱可以获取多少利润。它可以评价企业对成本费用的控制能力和经营管理水平，促使企业加强内部管理，节约支出，提高经营质量。

分析成本费用利润率，可以帮助企业计算出支出费用所获得的利润，评估企业的支出是否合理，是否发挥出成本费用的最大效益。如果成本费用利润率偏小，说明企业成本费用获利能力不足，那就要反思企业是否有浪费的支出，从而帮助企业节俭支出，促进企业向好发展。

在企业经营活动中，成本费用包括企业的营业成本、税金及附加、销售费用、管理费用和财务费用，这些成本费用是企业主要的支出项目，也是企业经营扩大获利的控制方向。对于企业而言，也希望尽可能投入少的成本费用，以获取更高的利润收益，这是企业经营目标中的追求利润最大化。

7.3.2　成本费用利润率的计算

成本费用利润率是企业利润与总成本费用的比率，其计算公式如下所示。

成本费用利润率 = 利润总额 ÷ （主营业务成本 + 税金及附加 + 销售费用 + 管理费用 + 财务费用） × 100%

成本费用利润率表明企业每付出一元的成本费用可获得多少元的利润，体现了企业经营耗费所带来的经营成果，该指标越高，说明企业的经营成果经济效益越好。

【实账处理】——公司成本费用利润率的计算

某公司 2018 年 5 月与 2018 年 6 月的利润如表 7-3 所示。依据利润表的情况，计算出该公司 2018 年 5 月与 6 月的成本费用利润率。

表 7-3：某公司 2018 年 5 月与 6 月利润　　　　　　　　　　单位：万元

项目	2018 年 5 月	2018 年 6 月
一、营业收入	30 000	32 000
减：营业成本	22 000	25 000
税金及附加	500	300
销售费用	1 500	1 200
管理费用	1 200	1 000
研发费用	300	500
财务费用	600	800
二、营业利润（亏损以 "-" 号填列）	3 900	3 200
加：营业外收入	200	300
减：营业外支出	700	600
三、利润总额(亏损总额以 "-" 号填列)	3 400	2 900
减：所得税费用	925	850
四、净利润（净亏损以 "-" 号填列）	2 475	2 050

根据表 7-3 中数据可以分别计算出该公司 2018 年 5 月和 2018 年 6 月的成本费用利润率。

依据"成本费用利润率＝利润总额 ÷（主营业务成本＋税金及附加＋销售费用＋管理费用＋财务费用）×100%"可得：

公司 2018 年 5 月的成本费用利润率 =2 900 ÷（22 000+500+1 500+1 200+600）×100%=13.18%

公司 2018 年 6 月的成本费用利润率为：3 400 ÷（25 000+300+1 200+1 000+800）×100%=10.25%

对比可以发现，该公司 2018 年 6 月成本费用利润率相较 2018 年 5 月下降了 2.93%，可以看出公司利用资源创造收益的能力有所下降。从表中数据来看，税金及附加、销售费用和管理费用较上月均有下降，但营业成本有所上升，总的来说，成本费用的下降幅度小于利润的下降幅度，最终导致成本费用利润率下降。

7.4
总资产报酬率

资产是企业的命脉，是企业获取收益的桥梁，企业投入资金获得资产，利用资产获取报酬收益。那么企业的管理者和要了解企业的其他人员不禁会好奇，企业投入资产与自身所获得报酬是否匹配对等呢？这就是我们本节要了解的总资产报酬率。

7.4.1　总资产报酬率

总资产报酬率是企业息税前利润总额与企业资产平均总额的比率，用以评价企业运用全部资产获取利润的能力，是衡量企业盈利能力的重要指标。企业息税前利润是指企业不支付利息和所得税之前的利润，即企业利润总额与利息支出的总和。

总资产报酬率是企业衡量其获利能力的重要指标，对于企业而言具有重要的意义。首先，它表示企业全部资产获取收益的水平，全面反映了企业的获利能力和投入产出状况。通过对该指标的深入分析，可以增强各方对企业利用资产经营的关注，促进企业提高单位资产的收益水平。

其次，企业可据此指标与市场资本利率进行比较，市场利率是可以预见的，在与市场利率的比较中，如果该指标大于市场利率，则表明企业资本投入可以获得比贷款支付成本更高的收益，因而企业可以充分利用财务杠杆进行负债经营，从市场获取资金，投入生产经营，以期获取尽可能多的收益。

最后，企业的总资产报酬率的指标越高，表明企业投入产出的水平越好，企业的资产运营越有效，发展更向好，不管是对于企业经营者，还是对于社会而言，企业发展越好，获利越多，更能激发企业的积极性，促进国民经济的发展。

7.4.2　总资产报酬率的计算

总资产报酬率反映了企业资产利用效率的高低，是从资产的角度反映企业的盈利能力，是企业资产综合利用效果的集中体现，其计算公式如下。

总资产报酬率 =（利润总额 + 利息支出）÷ 平均资产总额

平均资产总额是企业资产负债表中资产总额的期初数与期末数的平均值，而公式中加上的利息支出是因为不同企业的资金结构和筹资的方式不同，利息支出会影响企业资产报酬率的可比性高低。

如果计算公式中不加利息支出，那么一家负债率很高、资产由负债而形成的公司，其利息支出很大，导致其利润总额小，资产报酬率小，与一家大部分资产由股东权益产生的公司相比，其计算出来的总资产报酬率就没有可比性。而加上利息支出，这两种不同情况的企业的总资产报酬率的可比性大大提高。

值得一提的是，从原财务报表数据中是无法获取利息支出数额的，所以以往的计算分析中通常以财务费用代替公式中的利息支出。但新利润表中财务费用里对利息费用进行了单独列示，因而在现在的计算中，可以直接采用利润表中的利息费用项目金额进行计算。

【实账处理】——公司平均总资产的计算

甲公司 2018 年 5 月资产负债表日资产总额 34 500 万，年初资产总额 31 500 万元，则甲公司 2018 年 5 月平均总资产为多少？

平均总资产 =（期末资产总额 + 期初资产总额）÷2=（34 500+31 500）÷2=33 000（万元）

【实账处理】——公司总资产报酬率的计算

甲公司 2018 年 5 月与 2018 年 6 月的有关财务数据如表 7-4 所示。

表 7-4　甲公司 2018 年 5 月与 6 月总资产报酬率　　　　　　单位：万元

项目	2018 年 5 月	2018 年 6 月
利润总额	5 000	4 500
利息支出	200	300
息税前利润	5 200	4 800
平均总资产	35 000	37 500
总资产报酬率	14.86%	12.80%

从表 7-4 中可以看到，该公司 2018 年 6 月的总资产报酬率为 12.80%，相较于上月降低了 2.06 个百分点，其总资产报酬率下降的原因主要有两个，如下所示。

一是利润总额的下降，2018 年 6 月利润总额比 5 月下降 500 万元，下降 10.00%。同时，利息支出增加 100 万元，增加 50.00%，所以总体导致息税前利润减少 400 万元，减少 7.69%。

二是平均总资产的增加，2018 年 6 月平均总资产比 5 月增加 2500 万元，增加 7.14%。

综上所述，导致该公司 2018 年 6 月的总资产报酬率低于上月（环比下降）的原因是利润下降而平均总资产增加。

还需注意的是，企业的总资产来源于股东投入或债务资本两个方面，因而在企业使用总资产报酬率评价企业的经营成果时，要结合企业的资产结构、企业性质、企业的周期进行分析。一般来说，总资产报酬率在 0 ~ 10% 视为较低，10% ~ 20% 属于中等水平，超过 20% 则视为较高水平。

手把手教你读懂财务报表

企业的偿债能力分析

企业除了有自身的盈利能力，其偿债能力也是企业必须拥有的重要能力。企业有无偿债能力是企业生产与发展的关键，偿债能力的高低决定着企业债务风险的大小，它与企业的破产风险紧密相连，也是债权人非常关注的一个问题。本章节将对企业的偿债能力进行详细分析。

【本章要点】
  流动比率分析
  速动比率分析
  资产负债率分析

8.1
流动比率分析

流动比率是反映企业短期偿债能力的指标之一，是我们在考察企业偿债能力时必会使用到的指标，无论是企业的债权人还是企业经营者，对企业的偿债能力分析必不可少。

8.1.1 何为流动比率

流动比率是流动资产对流动负债的比率，用来衡量企业流动资产在短期债务到期以前，可以变为现金用于偿还负债的能力。

流动资产是指企业可以在一年或者超过一年的一个营业周期内变现或者运用的资产，主要包括货币资金、预付账款、应收票据、应收账款和存货等；流动负债也叫短期负债，是指将在一年或者超过一年的一个营业周期内偿还的债务，包括短期借款、应付票据、应付账款、预收账款、应交税金、应付职工薪酬和其他应付款等。

流动比率是重要的短期偿债能力分析指标，但它也具有局限性，对企业短期偿债能力的分析并不完全准确，主要体现如下。

◆ 无法评估未来资金流量

流动性代表企业运用足够的现金流入平衡所需现金流出的能力，而流动比率各项要素都来自资产负债表的时点指标，只能表示企业在某一特定时刻一切可用资源及需偿还债务的状态或存量，与未来资金流量并无因果关系，因此，流动比率无法用以评估企业未来资金的流动性。

◆ 未反映企业资金融通状况

在一个注重财务管理的企业中，持有现金的目的在于防范现金短缺。然而，现金属于非获利性或获利性极低的资产，一般企业均尽量减少现金数额。事实上，通常有许多企业在现金短缺时转向金融机构借款，而此项资金融通的数额，未能在流动比率的公式中得到反映。

◆ 应收账款的偏差性

应收账款额度的大小往往受销货条件及信用政策等因素的影响，企业的应收账款一般具有循环性质，除非企业清算，否则应收账款经常保持相对稳定的数额，因而不能将应收账款作为未来现金净流入的可靠指标。在分析流动比率时，如把应收账款的多寡视为未来现金流入量的可靠指标，而未考虑企业的销货条件、信用政策及其他有关因素，则难免会发生偏差。

◆ 存货价值确定的不稳定性

由存货产生的未来短期现金流入量，常取决于销售毛利的大小。一般企业均以成本表示存货的价值，并据以计算流动比率，事实上，由存货发生的未来短期内现金流入量除了销售成本外，还有销售毛利，然而流动比率未考虑毛利因素。

◆ 粉饰效应

企业管理者为了展示出良好的财务指标，会通过一些方法粉饰流动比率。例如对以赊购方式购买的货物，故意把接近年终要进的货推迟到下年初再购买；或年终加速进货，将计划下年初购进的货物提前至年内购进等，都会人为地影响流动比率。

8.1.2 流动比率的计算

我们大致了解了什么是流动比率，那么流动比率究竟如何计算呢？其计算公式如下。

流动比率 = 流动资产 ÷ 流动负债

流动比率越高，企业资产的流动性越大，但是，比率太大又表明流动资产占用较多，会影响经营资金周转效率和获利能力，一般认为合理的最低流动比率为 2。

【实账处理】——公司流动比率的计算

乙公司 2018 年 6 月流动资产 500 万元，其拥有的流动负债总额为 220 万元，那么乙公司的流动比率为多少？

依据"流动比率 = 流动资产 ÷ 流动负债"可得：

乙公司 2018 年 6 月的流动比率 =500÷220=2.27

但我们应注意的是，流动比率高的企业并不一定偿还短期债务的能力就很强，因为流动资产之中除了有变现能力很强的货币资金、有价证券，还有收回存在不确定性的应收账款，以及变现时间较长的存货，待摊费用等流动资产，特别是存货，很可能发生积压、滞销、残次、冷背等情况，流动性相对较差。

8.2
速动比率分析

我们知道了企业的流动比率，与流动比率相似的是企业的速动比率，它是企业短期偿债能力的另一重要指标，是企业在财务分析过程中需要考察和监督的另一财务分析指标。

8.2.1　揭密速动比率

速动比率是指企业速动资产与流动负债的比率，速动资产是企业的流动资产减去存货后的余额，主要包括货币资金、应收票据、应收账款、其他应收款和预付账款等项目。

速动比率的高低能直接反映企业的短期偿债能力强弱，它是对流动比率的补充，并且反映的信息比流动比率更加直观可信。如果流动比率较高，但流动资产的流动性却很低，则企业的短期偿债能力仍然不高。在流动资产中有价证券一般可以立即在证券市场上出售，转化为现金；应收账款、应收票据等项目可以在短时期内变现；而存货、预付账款、待摊费用等项目变现时间较长，特别是存货，其流动性较差。因此流动比率较高的企业，期偿还短期债务的能力并不一定很强，而速动比率就避免了这种情况的发生。

8.2.2 速动资产和流动资产

企业资产有很多的划分方法，速动资产和流动资产的划分就是其中的一种分类方式。

流动资产和速动资产从其概念和构成来看，我们能一目了然地知道流动资产是包括速动资产在内的，即他们之间的关系是包含与被包含的关系。速动资产是企业流动资产扣除存货和变现能力差的其他流动资产之后的部分，在流动资产中，存货的不确定性对流动比率的影响较大，因而流动比率对于企业短期偿债能力的分析就不是那么准确，需要考虑企业其他更多的因素。而速动资产扣除了企业存货，削减了存货对于企业短期偿债能力分析的影响力度，是企业流动比率的补充和完善。

速动资产相比流动资产来说，其流动性更好，在流动资产中，也有流动性相比较低的资产，比如存货等，速动资产在流动资产的基础上扣除了流动性相对而言较低的部分，则提高了其流动性，因而速动资产的流动性相较流动资产更高。

流动资产和速动资产是企业资产的重要部分，也是企业短期偿债能力的重要分析因素。分析企业短期偿债能力的高低时，流动资产和速动资产基数的大小非常重要，在流动负债总额一定的情况下，流动资产和速动资产金额越大，则流动比率和速动比率的数值越大，在不考虑企业其他因素的前提下，可以看出企业的短期偿债能力较强。

8.2.3　如何计算速动比率

速动比率是评判企业短期偿债能力的一个比较精确的指标，其计算公式如下。

速动比率 = 速动资产 ÷ 流动负债 = （流动资产 - 存货）÷ 流动负债

【实账处理】——公司速动比率的计算

甲公司 2018 年年初的流动资产为 610 万元，存货为 387 万元，流动负债为 300 万元；6 月末的流动资产为 560 万元，存货为 390 万元，流动负债为 160 万元。则速动比率为多少呢？

依据"速动比率 = （流动资产 - 存货）÷ 流动负债"可以得到：

年初速动比率 = （610-387）÷300=0.74

6 月末速动比率 = （560-390）÷160=1.06

一般认为，速动比率维持在 1 ∶ 1 较为正常，它表明企业的每一元流动负债就有一元易于变现的流动资产来抵偿，短期偿债能力有可靠的保证。速动比率过低，企业的短期偿债风险较大，速动比率过高，企业在速动资产上占用资金过多，会增加企业投资的机会成本。

但在实际工作中，应考虑到企业的行业性质。例如，商品零售行业，由于大量采用现金销售，几乎没有应收账款，速动比率大大高于 1，也是合理的。相反，有些企业虽然速动比率大于 1，但速动资产中大部分是应收账款，并不代表企业的偿债能力强，因为应收账款能否收回具有很大的不确定性，所以，在评价速动比率时，还应分析应收账款的质量。

流动比率和速动比率是分析企业短期偿债能力的两个最重要的指标，一般来说这两个指标的数值越高越好，但是不是真的是越高越好呢？来看一个具体例子。

【实账处理】——流动比率与速动比率分析

　　某公司 2018 年 6 月的流动资产、流动负债项目的数据如表 8-1 所示。

表 8-1　某公司 2018 年 6 月财务数据表

项目	金额（万元）
货币资金	80
应收账款	5 200
预付账款	1 400
其他应收款	3
存货	1 200
营业收入	9 100
流动资产	8 000
流动负债	2 700
流动比率	2.96
速动比率	2.52

　　该公司 2018 年 6 月的流动比率为 2.96，速动比率为 2.52，流动比率和速动比率都是比较高的，但是我们如果仅凭这个就得出该公司的短期偿债能力较强显然为时过早。

　　从表中的数据来看，公司应收账款占企业营业收入的比重为 57.14%（5 200÷9 100），说明企业的销售收入有差不多 57.14% 没有收回现金，企业隐藏的坏账风险很大。如果再进一步对企业的应收账款的账龄进行分析，2 年以上账龄的应收账款数额占比高的话，会进一步加大企业的资金回收风险。

　　试想，无论企业的销售有多好，增长的速度有多快，但是其应收账款不能及时收回，账面上再好的偿债能力和盈利能力都是空谈。因而在分析企业的短期偿债能力时，不能单单只是看到企业的流动比率和速动比率高就认定其短期偿债能力强，要结合企业的应收款项的回收情况以及资金变现能力进行综合考量。

8.3
资产负债率分析

我们不仅要了解企业的短期偿债能力，也要对企业的偿债能力进行考察。长期偿债能力是企业以其资产或收益对其长期债务的保障能力，而资产与负债又是企业资金占有的重要组成部分，因此我们首先要考察的就是资产负债率，它是衡量企业长期偿债能力的一个重要指标。

8.3.1　如何解读资产负债率

资产负债率是企业最常用的长期偿债能力分析指标，可以体现企业的举债经营情况。一个企业在其经营的过程中，总会伴随负债的出现，无论是短期负债的应付账款、应付职工薪酬和短期借款，还是长期负债的长期借款、长期应付款等，都是企业的负债构成。企业的负债促使企业经营周转，形成企业资产，而所有者权益的投入也构成企业的资产，资产负债率就是企业的负债总额在企业总资产总额中占有的比重。

资产负债率是用来表示公司总资产中有多少是通过负债筹集的，是评价公司负债水平的综合指标，同时也是一项衡量公司利用债权人资金进行经营活动的能力的指标，也反映债权人发放贷款的安全程度。注意，如果资产负债率达到 100% 或超过 100%，说明公司已经没有净资产或资不抵债。

站在不同的角度，资产负债率能为我们揭示不同的信息。资产负债率能够揭示出企业的全部资金来源中有多少是由债权人提供，因而从债权人的角度看，资产负债率越低越好；而对于投资人或股东来说，负债比率较高可能带来一定的好处，因为企业可以充分利用财务杠杆和经营策略为企业和投资者带来利益；从经营者的角度看，他们最关心的是在充分利用借入资金给企业带来好处的同时，尽可能降低企业财务风险，因此企业经营者会在企业不发生偿债危机的情况下，尽可能选择高的资产负债率。

由此可见，在企业的经营管理中，资产负债率期望值是不一致的，但是对企业来说，一般认为资产负债率的适宜水平是 40% ~ 60%。由于资产负债率反映债权人所提供的资金占全部资金的比重，以及企业资产对债权人权益的保障程度，因而这一比率越低，一般在 50% 以下，表明企业的偿债能力越强。那么我们如何判断资产负债率是否合理呢？

要判断资产负债率是否合理，首先要看站在谁的立场。从债权人的立场看，他们最关心的是贷给企业的款项的安全程度，也就是能否按期收回本金和利息。如果股东提供的资本与企业资本总额相比，只占较小的比例，则企业的风险将主要由债权人负担，这对债权人来讲是不利的，因此，他们希望债务比例越低越好，企业偿债有保证，则贷款给企业不会有太大的风险。

从股东的角度看，由于企业通过举债筹措的资金与股东提供的资金在经营中发挥同样的作用，所以，股东所关心的是全部资本利润率是否超过借入款项的利率，即借入资本的代价，在企业所得的全部资本利润率超过因借款而支付的利息率时，股东所得到的利润就会加大，如果相反，运用全部资本所得的利润率低于借款利息率，则对股东不利，因为借入资本的多余的利息要用股东所得的利润份额来弥补。因此，从股东的立场看，在全部资本利润率高于借款利息率时，负债比例越大越好，否则反之。

经营者的立场看，如果举债很大，超出债权人心理承受程度，企业就借不到钱。如果企业不举债，或负债比例很小，说明企业畏缩不前，对前途信心不足，利用债权人资本进行经营活动的能力很差。从财务管理的角度来看，企业应当审时度势，全面考虑，在利用资产负债率制定借入资本决策时，必须充分估计预期的利润和增加的风险，在二者之间权衡利害得失，做出正确决策。

8.3.2 资产负债率的计算

我们已经了解了资产负债率是什么，那么我们如何来计算企业的资产负债率呢？其计算公式如下。

资产负债率 = 负债总额 ÷ 资产总额 ×100%

负债总额就是企业的全部负债数，即资产负债表中企业的流动负债与非流动负债的合计；而资产总额是企业的全部资产总额数，包括企业的流动资产和非流动资产的合计。依据企业资产等于负债与所有者权益的合计数可知，企业的负债率高，则其所有者权益较低；而负债率较低，其所有者权益较高。

【实账处理】——公司资产负债率的计算

某公司 2018 年 6 月资产负债表日，其资产总额为 5 000 万元，负债总额为 2 200 万元，则该公司的资产负债率为多少？

依据"资产负债率 = 负债总额 ÷ 资产总额 ×100%"可得公司的资产负债率 =2 200 ÷ 5 000 × 100%=44%。

下面我们再通过另一家公司 2018 年 6 月资产负债表来看一看资产负债率的计算，如表 8-2 和 8-3 所示。

表 8-2　公司 2018 年 6 月资产负债表一　　　　　　　　　　　　　单位：元

资产	期末余额	年初余额
流动资产：		
货币资金	500 000.00	300 000.00
衍生金融资产	—	
应收票据及应收账款	300 000.00	50 000.00
预付款项	150 000.00	100 000.00
其他应收款	300 000.00	150 000.00
存货	1 000 000.00	—
持有待售的资产	100 000.00	500 000.00
一年内到期的非流动资产		
其他流动资产		
流动资产合计	**2 350 000.00**	**1 100 000.00**

续表

资产	期末余额	年初余额
非流动资产：		
可供出售金融资产	—	—
持有至到期投资	—	—
长期应收款	—	—
长期股权投资	500 000.00	200 000.00
投资性房地产	—	—
固定资产	2 000 000.00	500 000.00
在建工程	—	—
工程物资	—	—
固定资产清理	—	—
生产性生物资产	—	—
油气资产	—	—
无形资产	1 000 000.00	500 000.00
开发支出	—	—
商誉	—	—
长期待摊费用	—	—
递延所得税资产	—	—
其他非流动资产	—	—
非流动资产合计	3 500 000.00	1 200 000.00
资产总计	5 850 000.00	2 300 000.00

表 8-3　公司 2018 年 6 月资产负债表二　　　　　　　　　　　单位：元

负债及所有者权益	期末余额	年初余额
流动负债：		
短期借款	1 000 000.00	100 000.00
衍生金融负债	—	—

续表

负债及所有者权益	期末余额	年初余额
应付票据及应付账款	2 000 000.00	100 000.00
预收账款	–	–
应付职工薪酬	50 000.00	30 000.00
应交税费	50 000.00	–
其他应付款	300 000.00	200 000.00
持有待售的负债	–	–
一年内到期的非流动负债		
其他流动负债		
流动负债合计	**3 400 000.00**	**430 000.00**
非流动负债：		
长期借款	900 000.00	870 000.00
应付债券	–	–
长期应付款	–	–
预计负债	–	–
递延收益	–	–
递延所得税负债	–	–
其他非流动负债	–	–
非流动负债合计	**900 000.00**	**870 000.00**
负债合计	**4 300 000.00**	**1 300 000.00**

根据该公司 2018 年 6 月资产负债表日的资产负债表数据，我们可以计算出其年初资产负债率为：1 300 000 ÷ 2 300 000 × 100%=56.52%，2018 年 6 月末的资产负债率为：4 300 000 ÷ 5 850 000 × 100%=73.50%。

从中可以看出公司的资产负债率明显提高，并超出适宜的范围。从资产负债表中还可以发现，公司 6 月末相比于年初来说，其负债中短期借款和应付票据及应付账款的增加幅度非常明显，导致其负债总额增加 2.3 倍之多，而其资产增加的幅度确只有 1.54 倍，所以资产负债率比年初有所增加，企业负债增加并没有带来资产或权益的相等或更大的增长，也从侧面反映该企业负债经营策略并不太适合。

一般而言，企业资产负债率超过 50% 就表明其债务负担较大，超过 90%则接近于资不抵债的边缘。那是不是所有的资产负债率超过 90% 的情况都是不正常的呢？并不是，资产负债率指标也可能给我们一个假象。

【实账处理】——公司资产负债率的假象

公司是一家房地产开发企业，其 2017 年和 2018 年的资产负债率如表 8-4所示。那么该公司是否就是面临破产了呢？

表 8-4　某公司 2017 年与 2018 年资产负债率

项目	2017 年	2018 年
资产负债率	75%	92.3%

单单只是从表 8-4 的数据中，我们能看出的是该公司的资产负债率很高，几乎资不抵债，且相较于 2017 年有明显的提高。那么我们再来看看公司的负债结构，如表 8-5 所示。

表 8-5　某公司 2017 年与 2018 年负债构成

项目	2017 年（万元）	占总负债比	2018 年（万元）	占总负债比
短期借款	5 000	19.63%	25 000	46.61%
应付票据及应付账款	10 000	39.26%	20 000	37.29%
预收账款	3 700	14.53%	5 000	9.32%
应付职工薪酬	20	0.08%	40	0.07%
应交税费	150	0.59%	200	0.37%
其他应付款	1 500	5.89%	1000	1.86%
其他流动负债	300	1.18%	400	0.75%
长期借款	4 800	18.84%	2 000	3.73%
负债总额	25 470	100.00%	53 640	100%

从公司的负债结构中看出，由于公司短期借款的大幅度增加，导致其负

债总额大幅度提高。而短期借款的大幅度提升说明公司可能进行新项目的开发或者是公司发生收购合并，需要大量的资金，从而导致其借款大幅度增加。当活动结束了，其资产负债率会回到正常水平，所以房地产行业的资产负债率本身就偏高，我们在对企业的财务状况进行分析时，不能因为一个指标的异常，就判定企业的经营活动有问题。财务分析最重要的是分析引起异常的原因，是企业主动造成的还是被动造成的，该指标是短期的还是长期的，这些都要进行考量，这才是我们进行财务分析的目的所在。

手把手
教你读懂财务报表

9

财务分析方法知多少

财务分析是一项比较复杂的工作，为了达到企业财务分析的目的，在企业进行财务分析的过程中，必须选择科学的财务分析方法，以期达到各方的财务分析要求。本章节将对实际经营中较常用的杜邦分析法与沃尔比重评分法两种财务分析方法进行介绍说明。

【本章要点】

杜邦分析法：看管问题的根源

沃尔比重评分法：信用水平的评判

9.1
杜邦分析法：看管理问题的根源

杜邦分析法是企业在进行财务综合分析时最常采用的方法之一，在杜邦分析法的指导下，企业制定相关的财务指标体系，结合企业财务报表的数据，从而加深对企业综合财务状况的认识。

9.1.1　杜邦分析法的含义

杜邦分析法是财务分析方法中比较常见的一种方法，它主要是利用几种主要的财务比率之间的关系来综合地分析企业的财务状况。比如说利用企业的利润率、总资产周转率等财务比率关系，可以评价企业最重要的盈利能力和企业的股东权益收到的回报水平，也是评价企业绩效的一种方法。

杜邦分析法有其具体的基本思想，总体而言，它是将企业的净资产收益率逐级分解为多项财务比率的乘积。杜邦分析法的基本思想决定了其财务分析方法的层次感比较强烈，这样的逐级分解有利于帮助我们深入分析和比较企业经营业绩，为企业经营发展的战略制定及改进提供更有力的支撑。依据这样的基本思想，杜邦分析法中最重要的概念是企业的净资产收益率。

对于净资产收益率，我们做简要的概述，它就是企业的股东权益报酬率，是企业的税后利润与净资产的百分比，由于反映了企业股东权益的收益水平，该指标越高，说明股东投资带来的收益越高。企业资产包括了两部分，一部分是股东的投资，即所有者权益（是股东投入的股本，企业资本公积和留存收益等的总和），另一部分则是企业借入和暂时占用的资金。因此，净资产收益率是衡量股东资金使用效率的重要财务指标。

【实账处理】——公司净资产收益率的计算

乙公司 2018 年度税后利润为 3 亿元，年度平均净资产为 15 亿元，那么乙公司 2018 年度的净资产收益率为多少？

依据"净资产收益率 = 税后利润 ÷ 平均净资产 ×100%"可得：

乙公司 2018 年度的净资产收益率 =3 ÷ 15 × 100%=20%

杜邦分析法其实就是运用固定的模型对企业财务状况进行分析，而杜邦模型最显著的特点就是将若干个用以评价企业经营效率和财务状况的比率按其内在联系有机地结合起来，形成一个完整的指标体系，并最终通过权益收益率来综合反映。

实际操作时主要进行 3 个部分的分析，即利润率、总资产周转率以及财务杠杆。财务杠杆又叫筹资杠杆或融资杠杆，它是指由于固定债务利息和优先股股利的存在而导致普通股每股利润变动幅度大于息税前利润变动幅度的现象。

在杜邦分析法中，利润率可以表明企业的盈利能力，总资产周转率可以体现企业的营运能力，而财务杠杆体现的是企业的偿债能力。所以在运用杜邦分析法对企业的财务状况进行分析时，是将企业的三大能力都进行了分析，更加深入地了解企业的各方面财务状况。

如图 9-1 所示为杜邦分析法的示意图，我们由上往下来看，首先影响净资产收益率的是总资产净利率和权益乘数，而权益乘数是股东权益比例的倒数，即资产总额是股东权益总额的多少倍。权益乘数反映了企业财务杠杆的大小，权益乘数越大，说明股东投入的资本在资产中所占的比重越小，财务杠杆越大。而净资产收益率的最重要影响因素是总资产净利率，它又取决于销售净利率和总资产周转率的大小。

销售净利率是利润与销售收入之间的的比率，而利润受销售收入、成本、其他利润和所得税的影响，成本包括企业的制造成本和期间费用等；总资产周转率是销售收入与资产总额的比率，资产总额是流动资产和非流动资产的总和，而流动资产又由其相对应的各个项目组成。

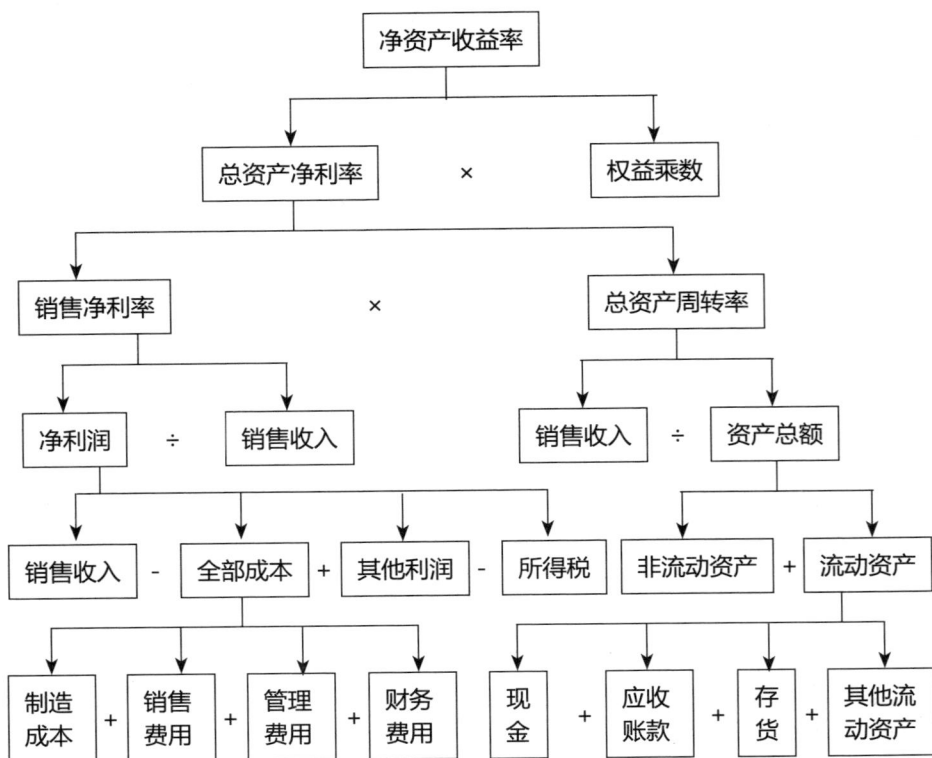

图 9-1　杜邦分析法示意图

　　经过简单的模型了解，我们可以看到，采用这一方法可使财务比率分析的层次更清晰、条理更突出，为报表分析者全面仔细地了解企业的经营和盈利状况提供方便，有助于企业管理层更加清晰地看到权益资本收益率的决定因素及其之间的相互关联，给管理层提供了一张明晰的考察公司资产管理效率和是否最大化股东投资回报的路线图。

　　但杜邦分析法也有其局限性，从企业绩效评价的角度来看，杜邦分析法只包括财务方面的信息，不能全面反映企业的实力，主要表现在：对短期财务结果过分重视，有可能助长公司管理层的短期行为，忽略企业长期的价值创造；财务指标反映的是企业过去的经营业绩，但在信息时代，顾客、供应商、雇员、技术创新等因素对企业经营业绩的影响越来越大，而杜邦分析法在这些方面是无能为力的；在市场环境中，企业的无形资产对提高企业长期竞争力至关重要，杜邦分析法却不能解决无形资产的估值问题。

9.1.2　杜邦分析法具体解析

上一节我们已经了解了杜邦分析法的基本概念和模型，这一节我们来学习杜邦分析法的基本思路和分析步骤进行讲述。

我们在前面提到了杜邦分析法的基本思路，就是以净资产收益率为核心进行逐级分层分析，主要的基本思路体现如下。

- ◆ 净资产收益率，也称权益报酬率，是一个综合性最强的财务分析指标，它是杜邦分析系统的核心。
- ◆ 总资产净利率是影响权益净利率的最重要指标，具有很强的综合性，而总资产净利率又取决于销售净利率和总资产周转率的高低。总资产周转率是反映总资产的周转速度，需要对影响资产周转的各因素进行分析，以判明影响公司资产周转的主要问题在哪里。销售净利率反映销售收入的收益水平，扩大销售收入、降低成本费用是提高企业销售净利率的根本途径，而扩大销售，同时也是提高资产周转率的必要条件和途径。
- ◆ 权益乘数表示企业的负债程度，反映了公司利用财务杠杆进行经营活动的情况。资产负债率高，权益乘数就大，这说明公司负债程度高，公司会有较多的杠杆利益，但风险也高；反之，资产负债率低，权益乘数就小，这说明公司负债程度低，公司会有较少的杠杆利益，但相应所承担的风险也低。

而杜邦分析法中的几种主要的财务指标关系如下。

净资产收益率 = 总资产净利率 × 权益乘数

总资产净利率 = 销售净利率 × 总资产周转率

所以

净资产收益率 = 销售净利率 × 总资产周转率 × 权益乘数

净资产收益率的高低反映了投资者的净资产获利能力的大小，它是由销售报酬率、总资产周转率和权益乘数决定的；权益系数表明了企业的负债程度，该指标越大，企业的负债程度越高。

总资产净利率是销售利润率和总资产周转率的乘积，是企业销售成果和资产运营的综合反映，要提高总资产净利率，必须增加销售收入，降低资金占用额。总资产周转率反映企业资产实现销售收入的综合能力，分析时，必须结合销售收入分析企业资产结构是否合理，即流动资产和长期资产的结构比率关系，同时还要分析流动资产周转率、存货周转率、应收账款周转率等有关资产使用效率指标，找出总资产周转率高低变化的确切原因。

我们在使用杜邦分析法进行分析时，主要采取如下步骤。

- ◆ 从净资产收益率开始，根据资产负债表和利润表等会计资料，逐步分解计算各指标。
- ◆ 将计算出的指标填入杜邦分析图。
- ◆ 逐步进行前后期对比分析，也可以进行企业间的横向对比分析。

9.1.3 杜邦分析法案例运用

相信经过前面内容的学习，我们都知道了杜邦分析法的相关知识，这一节我们就通过一个案例来看看杜邦分析法在企业中究竟是如何运用的。如表9-1所示的是A公司2017年与2018年相关的财务数据。

【实账处理】——利用杜邦分析法计算A公司的各项比率

表9-1 A公司2017年与2018年财务数据   单位：万元

项目	2017 年	2018 年
一、基本财务数据		
净利润	120.45	150.85
销售收入	5 000	7 000
资产总额	4 000	4 500
负债总额	2 500	2 600

续表

项目	2017 年	2018 年
全部成本	2 800	3 780
二、财务比率		
净资产收益率	0.08	0.07
总资产净利率	0.03	0.03
资产负债率	0.625	0.58
权益乘数	2.67	2.37
销售净利率	0.02	0.02
总资产周转率	1.25	1.56

依据表 9-1 中的数据，我们可以根据杜邦分析法做出 A 公司的杜邦模型，主要如图 9-2 所示。

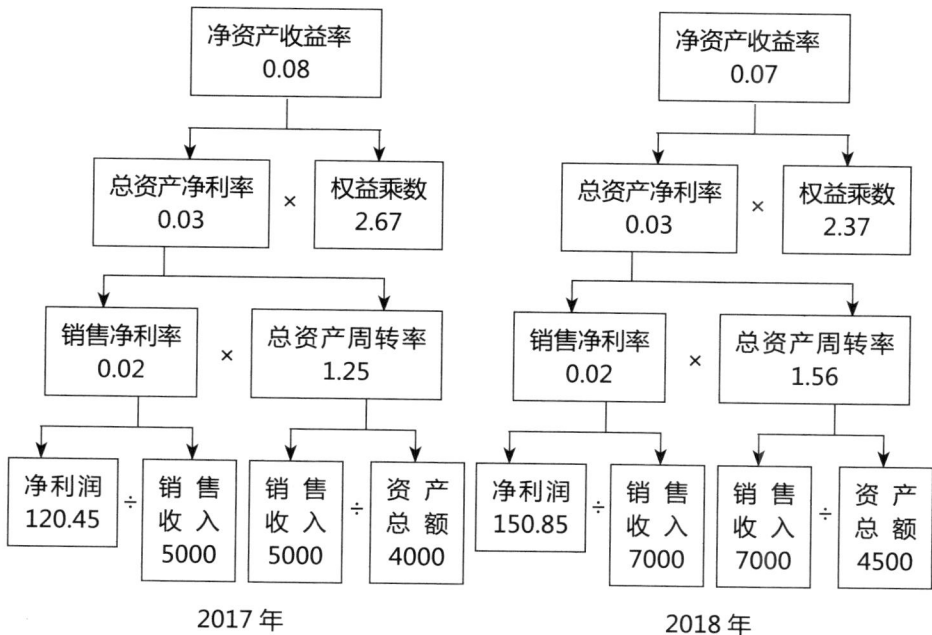

图 9-2　A 公司的杜帮模型（单位：万元）

通过分析我们可以知道，A 公司 2018 年净资产收益率发生改变，主要是其权益乘数的改变，而 2017 年与 2018 年的总资产净利率基本没有改变，由于权益乘数的下降，引起其净资产收益率的下降。

A 公司总资产净利率受销售净利率和总资产周转率的影响，从图中我们可以看到，公司 2018 年的总资产周转率明显提高，说明公司资产的利用得到了有效的管理控制，也表明公司在 2018 年里利用自身的总资产产生的销售收入的效率在增加，通过表中数据我们也能明显看到这一变化。A 公司 2017 年资产总额 4 000 万元，销售收入 5 000 万元，而 2018 年资产总额为 4 500 万元，相较 2017 年增加 500 万元，增加 12.5%，但 2018 年其销售收入 7 000 万元，相较 2017 年增加 2 000 万元，增长 40%。

虽然 2018 年总资产周转率增加了，但销售净利率几乎无变化，这主要是由于 A 公司 2018 年的销售收入提升幅度与净利润的提高幅度差不多。

总的来说，A 公司最重要的就是要控制其成本，提高其净利润，还要保持其较高的总资产周转率，从而提升其净资产收益率。

9.2
沃尔比重评分法：信用水平的评判

财务综合分析的另一个重要方法就是沃尔比重评分法，我们知道，在财务分析中会运用简单的数据计算得到一些财务比率，但是这些财务比率分开来看，其高低优劣对于企业的作用并不是很大。如何判断一个比率的高低优劣，是我们本节要探索的沃尔比重评分方法。该方法是企业信用水平的评判工具，是企业信用能力指数的体现。

9.2.1 沃尔比重评分法的含义

沃尔比重评分法是指将选定的财务比率用线性关系结合起来，并分别给定各自的分数比重，然后通过与标准比率进行比较，确定各项指标的得分及总体指标的累计分数，从而对企业的信用水平做出评价的方法。

沃尔比重评分法的财务比率一般是选择这 7 个，分别是流动比率、产权比率、固定资产比率、存货周转率、应收账款周转率、固定资产周转率和自有资金周转率。

在这些比率的基础上，沃尔提出了自己的一套综合比率的评价体系，运用线性关系的原理，将这些比率结合起来，不再只看某一个比率，避免单个比率存在的片面性，从而全面评价企业的财务状况。因为这种比重评分的财务分析方法结合不同的比率，所以对于企业财务状况的反映和各能力的体现较为完整，因而可以从中看出企业的信用水平值。沃尔比重的评分数越高，说明企业的信用水平越好，对于企业自身的发展也是有利的，但我们也不可一概而论，因为有的结果具有欺骗性。

9.2.2 沃尔比重评分法具体解析

我们知道了沃尔比重评分法的基本含义，下面来看看具体的解析。首先我们要了解的是沃尔比重评分法的计算公式。

实际分数 = 实际值 ÷ 标准值 × 权重

值得注意的是，当"实际值 > 标准值"为理想时，用此公式计算的结果正确；但当"实际值 < 标准值"为理想时，实际值越小，得分应越高，而用此公式计算的结果却恰恰相反。

另外，当某一单项指标的实际值畸高时，会导致最后总分大幅度增加，掩盖了情况不良的指标，从而给管理者营造了一种假象。所以沃尔比重评分法也有其局限性，我们在实际运用中要警惕。

沃尔的比重评分法从理论上讲有一个明显的问题，就是未能证明为什么要选择这 7 个指标，而不是更多或更少些指标，或者选择别的财务比率，以及未能证明每个指标所占比重的合理性。这个问题至今仍然没有从理论上得到解决。

沃尔比重评分法从技术上讲也有一个问题，就是某一个指标严重异常时，会对总评分产生不合逻辑的重大影响，这个是由财务比率与其比重相"乘"引起的，财务比率提高一倍，评分增加 100%；而缩小一倍，其评分只减少 50%。

为弥补其存在的这些不足，后将财务比率的标准值由企业最优值调整为本行业平均值，同时设定评分值的上限（正常值的 1.5 倍）和下限（正常值的一半），改进后的计算公式如下。

综合得分 = 评分值 + 调整分

调整分 =（实际比率 − 标准比率）÷ 每分比率

每分比率 =（行业最高比率 − 标准比率）÷（最高评分 − 评分值）

下面我们再来看看运用沃尔比重评分法的基本步骤，主要为以下 5 步。

第一步：选择评价指标并分配指标权重。

我们在了解企业财务状况时主要是了解企业的盈利能力、偿债能力和发展能力，在沃尔比重评分法中，企业的这三大能力涉及的主要财务指标如下。

◆ **盈利能力的指标**：资产净利率、销售净利率、净值报酬率。

◆ **偿债能力的指标**：资本比率、流动比率、应收账款周转率、存货周转率。

◆ **发展能力的指标**：销售增长率、净利增长率、资产增长率。

第二步：根据各项财务比率的重要程度，确定其标准评分值。

在进行评分时，我们按照重要程度确定各项比率指标的评分值，评分值之和为 100，但是不同的能力指标其拥有的评分值是不同的，重要程度越高的指标，其对应的评分值就会越高。

一般而言，三大能力指标的评分值约为 5 ∶ 3 ∶ 2，而盈利能力指标中三者的比例约为 2 ∶ 2 ∶ 1，偿债能力指标和发展能力指标中各项具体指标的重要性大体相当。

第三步：确定各项评价指标的标准值。

即计算其指标的实际值，主要的计算公式如下。

①盈利能力的各项指标计算公式：

资产净利率 = 净利润 ÷ 资产总额 × 100%

销售净利率 = 净利润 ÷ 销售收入 × 100%

净值报酬率 = 净利润 ÷ 净资产 × 100%

②偿债能力的各项指标计算公式：

资本比率 = 净资产 ÷ 资产总额 × 100%

流动比率 = 流动资产 ÷ 流动负债

应收账款周转率 = 赊销净额 ÷ 平均应收账款余额

存货周转率 = 产品销售成本 ÷ 平均存货成本

③发展能力的各项指标计算公式：

销售增长率 = 销售增长额 ÷ 基期销售额 × 100%

净利增长率 = 净利增加额 ÷ 基期净利 × 100%

资产增长率 = 资产增加额 ÷ 基期资产总额 × 100%

第四步：对各项评价指标计分并计算综合分数。

第五步：形成评价结果。

9.2.3 沃尔比重评分法案例运用

相信经过前面内容的学习，我们都知道了沃尔比重评分法的相关知识及计算公式和运用步骤，这一节我们就通过一个案例来看看沃尔比重评分法在企业中究竟是如何运用的。如表 9-2 所示的是 B 公司 2018 年的沃尔评分分析表。

【实账处理】——B 公司利用沃尔比重评分法判定企业信用水平

表 9-2　甲公司 2018 年度沃尔评分分析表

财务比率	比重	标准比率	实际比率	相对比率	实际分数
	①	②	③	④ = ③ ÷ ②	⑤ = ④ × ①
流动比率	25	1.23	1.43	1.16	29
产权比率	25	1.80	0.92	0.51	12.75
固定资产比率	15	3.00	9.33	3.11	46.65
存货周转率	10	6.80	14.00	2.06	20.60
应收账款周转率	10	12.70	40.25	3.17	31.70
固定资产周转率	10	4.50	13.50	3.00	30.00
自有资金周转率	5	4.00	4.50	1.13	5.65
合计	100				176.35

通过观察表 9-2 我们可以得到，B 公司 2018 年度的沃尔比重评分数为 176.35，与行业平均的沃尔比重评分数相比，若更高，则 B 公司信用水平高，反之，信用水平低。

由上表可知，固定资产比率的分数值最大，但我们不能以这个分数值片面地分析企业信用水平，要结合行业实际，以及企业自身的发展情况，这样做出的分析结果才会更合理，对企业自身发展才有清晰的认识。

10

识破财务报表的虚假信息

财务报表是企业财务状况、财务能力及经营成果的集中体现，我们了解企业的财务信息，首先要借助的就是企业的财务报表。但是使用者如何百分百确认财务报表的真实性呢？我们所获取的企业提供的财务报表是否就是没有虚假信息的呢？本章将讲述如何识破财务报表的虚假信息。

【本章要点】
财务报表虚假信息的形成因素
慧眼甄别财务报表的虚假信息
提升财务管理能力，严防虚假信息

10.1
财务报表虚假信息的形成因素

　　财务报表可能不真实，或隐含虚假的信息，这是我们在阅读一个企业的财务报表时需要保持的警惕心理。在阅读财务报表时，我们遵循财务核算基本原则，按照财务基本借贷平衡准则去看财务报表，是阅读财务报表的基础。但不是财务报表遵循了这些基本原则，财务信息的反馈就是真实有效的，可能还会存在虚假信息。那么，形成财务报表虚假信息的因素有哪些呢？

10.1.1　会计失误

　　俗话说，人非圣贤，孰能无过。财务报表是人为编制形成的，是人就会有犯错的时候，因而财务报表虚假信息形成的第一大因素就是人，就是财务人员在账务处理过程中的失误而引起的，我们将其叫作会计失误。

　　会计失误，我们也叫会计差错，是指在会计核算时，由于计量、确认、记录等方面出现的错误，经济事项或交易进入会计系统后，经过确认、计量、记录和报告，输出对信息使用者有用的会计信息时产生的差错。它主要分为重大会计差错和非重大会计差错。

　　对于发生的重大会计差错，如影响损益，应计入"以前年度损益调整"科目，用其对损益的影响数调整发现当期的期初留存收益，同时会计报表其他相关项目的期初数也应一并调整；如不影响损益，应调整会计报表相关项目的期初数。

　　对于非重大会计差错，是指不足以影响会计报表使用者对企业财务状况、经营成果和现金流量做出正确判断的会计差错。对于本期发现的，属于与前期相关的非重大会计差错，不调整会计报表相关项目的期初数，但应调整发现当期与前期相同的相关项目，属于影响损益的，应直接计入本期与前期相同的净损益项目；属于不影响损益的，应调整本期与前期相同的相关项目。

会计差错为什么会发生在日常的财务处理过程中呢？归结原因主要有如下几点。

◆ 会计确认不当形成的会计差错

这类会计差错可能是实际确认与权责发生制确认时间不符形成的会计差错。例如，提前或推迟确认收入，或不确认实现的收入在期末应计项目与递延项目未予及时调整等人为舞弊、欺诈行为。

也可能是会计要素的定义和特征不符形成的会计差错。如账户分类不当、资产性支出和收益性支出划分的差错等；或与真实性不符形成的会计差错，如企业对某项建造合同本应按建造合同规定的方法确认营业收入，但该企业按确认商品销售收入的方法确认收入。

还可能是与合法性不符形成的会计差错。例如，为购建固定资产而发生专门借款，企业将固定资产达到预定可使用状态后发生的借款费用，也计入该项固定资产的价值予以资本化。

◆ 会计计量环节形成的会计差错

该类会计差错可能是与实物数量不符形成的会计差错。例如，对发出材料的计量不准确，导致期末存货出现盘盈或盘亏现象，从而使会计报表发生错报。

也可能是与计量属性和计量单位不符形成的会计差错。例如，接受捐赠或盘盈的固定资产是以历史成本计价还是以现行市价或未来现金流量的现值计价。

◆ 会计记录造成的会计差错

该类会计差错主要包括 4 种：操作性错误，即财务人员操作不当出现的错误，如按错计算器键、算盘误计、眼误或笔误等；技术性错误，即财务人员由于对财务工作的不熟练而造成的会计差错，如凭证填写不准确、小数点错记、红笔运用不当等；习惯性错误，如将数字"6"上面出头部分写得太短而被错认为"0"等；条件性错误，即由于客观条件不好，如复写纸质量低劣而造成的复写下联字迹不清，或纸质较差发生的字迹变形而造成的错认。

◆ 其他原因造成的会计差错

比如对于经济业务中不确定因素的会计估计差错；由于管理薄弱、基础工作差，有关人员的职责权限范围不明，使财务人员犯的错误；由于财务人员责任心不强造成的会计差错等。

10.1.2 会计舞弊

造成财务报表虚假信息的另一主要原因就是会计舞弊，会计差错是不经意间的失误行为，它不是相关人员的主观所为，而会计舞弊则是故意的欺骗、隐瞒、谎报信息而形成的财务报表虚假信息。

会计舞弊是指行为人以获取不正当利益为目的，有计划、有针对性和有目的地故意违背真实性原则，违反国家法律、法规、政策、制度和规章规范，导致会计信息失真的行为。这是违法犯罪的行为，是不可取的行为。

会计舞弊有许多的手段和途径，主要是从企业的收入、费用及其他损益性方面下手，主要体现如下。

◆ 收入舞弊途径

企业收入舞弊途径主要有如表 10-1 所示的 3 种。

表 10-1 企业收入舞弊途径

项目	内容
扩大销售核算范围虚增收入	主要手段包括销售回购、销售租回等业务确认为收入；将委托加工业务的加工发出以及收回，通过对开发票方式分别确认为销售以及购买业务；甚至虚开发票增加销售收入；将非营业收入虚构为营业收入
利用财务报表合并技术虚增收入	论是国际会计准则还是我国会计准则，均以拥有实质控制权作为财务报表合并范围的标准。这样，一方面，对相关公司是否拥有"实质控制权"必须依赖财会人员的专业判断；另一方面，管理当局可以通过拉长控制链条、构建复杂的公司体系等手段，进一步"拓宽"财务报表合并范围，而这些会计选择的灰色地带无疑给企业管理层实施财务舞弊创造了条件

续表

项目	内容
提前确认收入或记录有问题的收入	主要包括：在尚未销售商品或提供服务时就确认收入；对发出商品以及委托代销等业务提前确认商品销售收入；将向附属机构出售产品确认为收入；在客户对该项销售有终止、取消或递延的选择权时过早确认收入

◆ 费用舞弊手段

企业费用舞弊的手段主要有如表 10-2 所示的两种。

表 10-2 费用舞弊手段

项目	内容
收益性支出资本化	收益性支出资本化，就是将期间费用以及应当与本期收入配比的营业成本等故意列作长期资产，以此虚增利润；或以此相反的操作虚增费用成本，减少利润
费用摊提目标化	企业基于配股、增发等融资目的，或者为了迎合市场盈利预期等，常常人为调节诸如广告费、折旧费、研发费、预计损失、无形资产摊销等费用的计提或摊销的依据比例，固定资产、无形资产折旧及摊销期限的延长或缩短均可使当期费用减少或增加

◆ 非经营性损益操纵

企业常常通过处置转让子公司、非货币性交易、债务重整等手段制造非经营性收益，操纵利润，企业采用非经营性损益进行利润舞弊的手段主要有如表 10-3 所示的一些。

表 10-3 非经营性损益操纵

项目	内容
债务重组	新准则将原先因债权人让步而导致债务人豁免或者少偿还的负债计入资本公积的做法，改为将债务重组收益计入营业外收入。因此，一些上市公司的控股股东很可能会在公司出现亏损或者出于维持公司业绩及配股需要的情况下，通过债务重组确认重组收益来达到操纵利润的目的
借款费用	新准则将借款费用资本化的资产范围扩大到需要相当长时间才能达到可销售状态的存货以及投资性房地产等。资本化的借款范围扩大到专门借款和一般借款，这样，一些企业便可能在一般借款的利息支出和符合资本化条件的资产上打主意，以达到操纵企业利润的目的

续表

项目	内容
非货币性资产交换	新准则规定，若交易双方存在关联，可能导致发生的非货币性资产交换不具有商业实质，也就是差额不计入损益。因此，一些上市公司如想操纵利润，会想方设法予以规避，将关联交易非关联化。非货币性资产交换中，公司对商业实质的判断也存在着一定的会计弹性，这给上市公司的利润操纵留下了一定空间
无形资产	虽然新准则对研究阶段和开发阶段的定义进行了区分，但在实际操作中，很难明确划分这两个阶段，因此，一些公司就可能通过主观划分，来决定研发支出费用化和资本化的分界点，以达到操纵利润的目的。此外，新准则中对无形资产的摊销年限不再局限于直线法，并且摊销年限也不再固定，这也给一些公司利用调节无形资产的摊销方式或摊销年限来操纵利润提供了途径
政府补助	新准则规定，"用于补偿企业以后期间的相关费用或损失的，确认为递延收益；用于补偿已发生的相关费用或损失的，计入当期损益"。在这里，"已发生"和"将发生"是两个不同的时态，却关系到补助的确认金额及当期利润实现程度。当前环境下，是否如实确认，完全依赖于企业的诚信程度，因此，有些企业可能人为调节补助，操纵当期利润
固定资产	新准则要求公司对固定资产折旧年限、方法及预计净残值至少每年复核一次。只要与原估计有差异时，就应当调整固定资产的折旧年限与净残值，并且调整的方法采用未来适用法，不用追溯调整法。因此，公司只要找到证据证明其固定资产使用寿命与原估计有差异，就可以进行会计估计变更，对业绩进行调整，从而达到操纵利润的目的
资产减值	新准则中明确规定的不允许转回减值的资产主要是固定资产、无形资产、在建工程以及存货，其他如应收账款、短期投资、长期投资、委托贷款等资产的减值准备仍可转回。因此，新准则虽然对上市公司的利润操纵起到了一定的抑制作用，但仍给上市公司操纵利润留下了一定的空间。而且，减值准备的计提方法和比例仍可由上市公司自行选择，公司可能为了避免当年亏损，不按规定提足减值准备，留待以后年度进行"以前年度损益调整"，以达到粉饰会计报表的目的
公允价值	新准则按照现行国际惯例将"公允价值"引入中国会计体系。但是，由于我国市场经济不发达，公允价值的应用在很多处理上需要人为判断，加上我国会计从业人员的素质良莠不齐，难以做到真正的公允，可能一些公司会利用"公允价值"来调节并操纵利润

10.2
慧眼甄别财务报表的虚假信息

我们知道了形成财务报表虚假信息的原因，针对这些原因，我们在阅读财务报表时，就要用慧眼去甄别财务报表中的虚假信息。

10.2.1 看穿虚增收入的手段

编制财务报表最常存在的问题就是虚增收入，收入是一个企业经营成果最重要的模块，收入的大小是决定企业利润的基础。有的企业为了使提供的财务报表数据好看，粉饰其财务报表，增大其收入，从而夸大自身经营能力。下面为大家介绍 3 种虚增收入的手段。

◆ 虚开增值税发票，从而提高自身收入

这是一种违法的虚增收入的手段，有的企业为增大收入，相应的有的企业为获得更多进项税额，从而逃避缴纳增值税，那么这样的利益双方就形成买卖方，虚开增值税发票，从而达到各自的目的。

一般纳税人企业是可以自行开具增值税发票的，我们在看企业的财务报表时，对比企业各个时期的收入数据，结合企业的发展时期和同行业的水平，可以进入企业的开票系统，看企业是否存在不正常原因导致的开票数额的大幅度增加。如果在企业的开票系统中存在有的月份突然增加大额发票的情况，我们就需要警惕企业存在虚开发票的嫌疑。

依据最新的法律规定，虚开的税款数额在 5 万元以上的，以虚开增值税专用发票罪处 3 年以下有期徒刑或者拘役，并处 2 万元以上 20 万元以下罚金；虚开的税款数额在 50 万元以上的，认定为刑法第二百零五条规定的"数额较大"，处 3 年以上 10 年以下有期徒刑，并处 5 万元以上 50 万元以下罚金；虚开的税款数额在 250 万元以上的，认定为刑法第二百零五条规定的"数额巨大"，处 10 年以上有期徒刑或者无期徒刑，并处 5 万元以上 50 万元以下罚金或者没收财产。因而，企业千万别碰触法律的底线而虚开增值税发票。

◆ 提前确定企业的收入

按照企业采用的会计准则及收入确认的相关规定，企业的业务可能未达到确认为收入的条件，但企业为了某种目的，提前确认收入，即企业确认收入比其销售行为先完成。利欧股份控股子公司上海漫酷广告有限公司未按照客户实际消费确认收入，而是按照客户预充值金额确认收入，导致公司 2016 年提前确认营业收入和营业利润分别为 298.22 万元和 45.36 万元。提前确认收入的操作方法较为隐秘，金额分散，通常仅仅通过财务数据难以识别，需要依赖对相关业务的熟悉度以及核查相关的财务凭证。从财务的角度来讲，最值得关注的是年末等关键时间点预收账款的异动。

◆ 虚构业务增加收入

虚构业务就是企业通过虚拟销售对象及交易，对并不存在的业务按正常经营程序进行模拟运转，包括伪造订单合同、账户收入、发运凭证、开具相关的业务发票等一系列操作。

例如，某公司通过虚构海外工程，虚增业务收入，达到粉饰报表的目的。该公司虚构巴基斯坦公交工程项目，虚构国内外贸易，虚增业务收入 5.8 亿元，虚增利润 2.6 亿元，虚增利润占当期利润总额的 73%。由于公司虚构的业务在海外，因此为其虚构业务增加了一定的隐秘性，其主要的操作手段是：虚构与巴基斯坦某公交项目的合同，通过自身的海外公司虚构相应的款项订金，然后向巴基斯坦出口一批建筑材料（实际上这批材料经过多次运转最终回到了该公司）。

此外，为了让采购、销售、施工的各个环节不被人怀疑，公司注册了一系列的公司冒充供应商以及在海外开通多个银行账户进行资金划转，并且还伪造了施工现场的照片等，通过这一系列"自导自演的业务"虚增了其收入。

那这类收入如何来识别呢？一是来自经营活动的现金流长期小于净利润，二是应收账款的增长速度超过收入的增长。为何应收账款的增速会高于收入？是因为收入是虚构的，无法形成真实的资金回笼，只能将其挂在"应收账款"中，通过坏账准备的提取等方法处理。

10.2.2　识别虚增利润的方法

企业除了虚增收入导致财务报表的信息虚假，采用虚增利润的方法也会造成信息虚假。我们知道，利润的影响因素有很多方面，除了上节中虚增收入保持其他成本费用不变，以达到增加利润的目的外，还有其他的办法。这节从其他方面进行介绍。

◆　人为减少主营业务成本

企业为调增自身报表的利润，利用发出存货的计价方法变动，故意调整存货成本，进而调高利润。当材料按实际成本计价时，企业为虚减产品成本，选用能减少本期材料耗用的计价方法，人为调低发出材料成本，以达到虚增利润的目的；当材料按计划成本计价时，企业为虚减产品成本，利用材料成本差异账户进行调整，有意多分摊节约差异或少分甚至不分摊超支差异，以达到调低发出材料成本、调高利润的目的。

企业为虚增利润，还会利用在产品成本上升的计价方法调节产品成本，以达到虚减成本、多计利润的目的。我们在看企业财务报表时，应将检查重点放在原材料、材料成本差异和产成品账户，采用审阅法审查有关存货的明细账，并采用盘点法和调节法核实在产品数量的正确性，采用复算法验证存货发出计价的正确性；也要结合同行业的成本数据，分析企业的成本是否符合行业标准，以及推测其数据的合理性。

◆　虚减费用

企业三大期间费用是影响企业利润的重要科目，企业为虚增利润，可能设置账外账，利用将当期应计折旧及费用等暂不入账，或不计当期利息支出，不提或少提各项资产减值准备等方法而达到虚增利润的目的。这需要我们在阅读财务报表时，依据企业的实际情况，对比相关前期数据比例分析，识别数据的真实性。

◆ 利用待处理财产损失长期挂账，虚增利润

企业经营不好的，会将因经营不善、上当受骗或因固定资产报废清理等原因造成的财产损失长期挂账，不及时予以处理致使利润虚增。

我们在阅读财务报表时应采用审阅法仔细审查待处理财产损溢明细账及有关原始凭证，查明其形成的原因，并对长期隐瞒不报上级主管部门批准的挂账损失进行重点检查。这种损失是由于当期某种原因造成的，应在当期处理，但若有意不在当期处理，使当期费用减少，从而达到虚增利润之效果。

10.2.3　辨别隐瞒收入的手段

企业为增加收入可以虚增收入，为了其他相关的目的，如少缴纳税款，想方设法来隐瞒收入，从而达到利己的目的。我们要在阅读企业财务报表过程中，辨别企业是否有隐瞒收入的情况。实际经营中企业隐瞒收入的手段主要有如下 4 种。

◆ 利用企业的应收账款项目来隐瞒收入

企业将其销售收入转入"预收账款"或"其他应收款"科目挂账，从而隐瞒其实际收入。这种手段是收到对方的销货款后，不给对方开具发票或暂时不开发票，不体现收入，从而隐瞒收入，以达到延缓或滞后纳税的目的。

有的企业对于购货方不要求开具正式发票的销货款，在往来中挂账，时间一长，将收入转移出去，形成偷漏税款。针对这类手段，要重点把控企业的应收款项科目余额，对于应收款项科目的发生要追溯原始凭据，求证业务发生的真实性。

◆ 伪造应收款项抵收入

企业销售收入的来源是企业产品的销售，但有的在企业商品已经发出且款项已收到的业务不按规定的方式计入收入款，也不按企业规定结转成本，

反而是捏造事实，编造借入款项的业务入账，即将销售收入以公司负责人或员工名义出具借条的形式借支余于其他企业或个人。对于这种隐瞒收入的手段，我们要重点查看企业的借款支出情况，清查企业负责人的重要借支支出。

◆ 利用委托代销的业务隐瞒收入

在业务的开展中，有的企业会采用收取手续费的方式委托代销商品，在委托方交付商品时不应确认收入，而应该在受托方将商品销售出去，并收到受托方的代销清单时，委托方可确认收入。但在实际业务过程中，委托方故意通知受托方晚开代销清单，从而达到收入减少的目的。所以，当企业存在委托代销业务时，我们要重点看委托方和受托方的商品销售情况，看受托方是否存在故意晚开代销商品清单的嫌疑。

◆ 用收入冲减企业的费用

一些企业将出售且款项已收到的货物销售作为预收款销售，在购买方不需要开具正式的增值税发票时，企业就将其冲减营业外支出、管理费用和销售费用，从而隐瞒企业实际收入。我们在看企业的财务报表时，要结合企业的账务处理来看，重点看这些项目的不正常收付，考察其原始单据的合法、合规性。

10.2.4　识别隐瞒利润的手段

企业除了隐瞒收入，从而导致财务报表的虚假信息存在，财务信息不真实，企业也有可能采取隐瞒利润的手段，从而达到企业少缴纳税款或其他某种特定要求的目的。

企业为隐瞒其财务报表中的实际利润，会采取不同的手段方法，主要的手段有如下 3 种。

◆ 销售收入不入账，做预收款项处理

这和企业隐瞒收入的手段是一样的，企业在达到收入确认的条件时不入账，减少企业当期的收入，从而隐瞒企业的利润。针对这种手段，我们在了解企业财务报表时，如果企业的应收账款或预收账款金额较大，且长期挂账，形成呆账，那么我们就需要警惕企业是否是利用预收款项的科目将其销售收入不入账，隐瞒企业实际销售收入，从而隐瞒利润。

◆ 虚构成本，虚列负债

企业销售收入不入账的手段只有在自身的客户不需要销售发票时才能使用，当企业的销售群体都需要索要销售发票，那么企业的销售就无从隐瞒，因为所有开票的销售收入都会反映在企业的开票系统中，从而报送于税务局端口。当销售不入账的手段无法使用时，企业就可能通过虚构成本来隐瞒利润。

例如，企业虚构购进原材料，一般通过非正常手段从市场中买进增值税购进发票，从而虚增企业的应付账款科目，而企业通过领料单将虚增购进的原材料计入企业的成本，从而达到虚增成本的目的，减少企业的利润额。针对这样的手段我们查看的重点一般是企业的应付账款科目，还有企业的成本数额是否居高不下，居高不下引起的原因是什么，是正常的生产经营过程导致的还是企业虚假手段导致的，这都是我们在读财务报表时需要考虑的。

◆ 虚增企业的费用

企业的损益性科目包括三大期间费用，这也是企业最常利用的隐瞒利润的科目。企业不管是虚增费用的支出，还是隐瞒减少费用的支出，都会对企业的利润造成影响。例如，企业在购置固定资产时，当其未达到固定资产使用状态时，对此项固定资产的支付都应计入固定资产的原值，但在实际的业务处理中，许多企业会将与此项固定资产相关的其他支出直接计入损益类科目，从而降低企业的利润。对此，我们要看企业固定资产的相关资料，企业是否将与固定资产相关的支出直接计入损益类科目，隐瞒企业的利润。

企业不管是虚增收入利润，还是隐瞒收入利润，都是对企业不利的行为，都将不利于我们掌握企业真实有效的财务信息和经营成果，不利于企业后续发展策略的制定，也有碍企业的发展，甚至有的行为会触犯法律，从而带来违法犯罪的风险，所以，企业要真实的反映其财务信息，合法诚信经营，促进社会有序发展。

10.3
提升财务管理能力，严防虚假信息

企业经营管理中存在虚假信息，这与企业的财务管理工作息息相关。不管是为企业日后更好更健康地发展，还是企业的形象信誉，企业都应该提升自身财务管理能力，严防企业财务作假，提高企业财务信息的真实性和可信度。

10.3.1　加强财务内控制度建设

财务是企业经营活动中重要的一环，企业的盈亏、扩大再生产等重要决策都依赖于企业的财务信息。不管是企业的管理者，还是企业的投资者、对外的政府等对口部门，对于企业的了解都需要借助企业的财务数据。因而，企业的财务管理是企业管理的重要环节。

加强企业财务内控制度的建设，需要企业依据相关的法律法规，结合企业自身发展的实际情况，制定一套合规合法的企业财务管理制度，明确财务各相关人员的岗位职责和责任，明确企业财务权责和财务管理相关流程规范，确保企业各项活动有标准、有参照。

在实际工作中，有的企业的财务制度一团混乱，无章法可依，随心所欲。不管是大企业还是小公司，只要是作为一个独立核算的法人机构，有正常的业务活动的开展，那么就应该有企业的标准规则，"无规矩不成方圆"，企业要提升自身财务管理能力，制度的约束是首要的。

加强企业财务内控制度的建设，除了企业财务制度的制定，最重要的是制度的实施。有了框架、目标、设想，不严格实施执行，那也是一纸废文，对企业无任何作用。不管是企业的管理者，还是企业的普通一员，都需要严格遵守企业的规章制度。因而，提升企业自身的财务管理能力，加强财务内控制度的建设，需要制度的约束和执行的效率相结合，从而促进企业财务制度的建设和管理的规范性、及时性，严防企业财务虚假信息的产生。

10.3.2　加强财务管理，发挥财务把控作用

财务部门是企业的重点部门，因为企业的各个经营相关数据都出自财务部门，所以在企业管理活动中，财务管理尤为重要。企业需加强自身财务管理，发挥企业财务的把控作用。

通过财务报表能知道企业的收入是多少，成本费用是多少，利润又是多少，也能与企业的上期数据进行比对，分析企业收入增加或减少的原因，企业的成本费用与同行业相比是超出还是结余，企业的利润是否还有增长的空间，是否反映企业经营决策带来的效果，这些都需要从企业的财务报表中获取。可见财务管理在企业中的作用有多重要。

企业加强自身财务管理，在企业的费用成本支出中发挥财务的把控作用，降低企业的成本费用，提高企业的利润；在收入决策中发挥财务的分析作用，结合市场实际，制定有效的营销策略，从而促进企业收入的提高，提高企业产品的市场竞争力。

加强财务管理，发挥财务把控作用，过程中涉及的企业各项财务指标，在不同行业、不同发展阶段等都有不同的标准，认真分析，积极为企业的发展壮大提供可靠的数据支撑和依据。

10.3.3　加强货币资金流程管理和风险管理

企业最重要的流动资产就是钱，即企业的货币资金。不管是企业的销售行为，还是企业的购买支付行为，都要涉及钱。货币资金的收支行为也是企业日常财务活动中最频繁的活动。

在日常经营活动中，货币资金的管理非常重要，稍微把控不严，就可能

发生不可挽回的损失。比如支付的管理不严，导致受骗支付的事情常有发生，这就导致企业资产的流失。因此，在提升企业财务管理能力时，需加强企业货币资金的流程管理和风险管理。

最普遍的做法是，相关经办人员将需支付的资金数额填写到相关的单据上，交由其直接领导签字后由会计审核，数额较大的需财务总监、企业董事等其他领导签字确认，完成这些后才交由出纳支付。目前基本采用的是网银支付，所以企业网银支付时要做好支付流程的审核，一般是一人制单，一人复核，从而完成支付。在签字的过程中，相关的企业人员就要严格把握好业务的真实性，是否应该支付等，而出纳的支付也要复核支付的合理性，不可一味地见单付款。

货币资金的流程管理和风险管理不是一个人的事情，是企业各方面人员共同的责任，需要企业在明确货币资金相关制度的前提下，严格执行规章制度，人人有责共同努力，提高企业的货币资金管理能力，促进企业的发展。

10.3.4　加强对重点项目的防范

最容易产生腐败和弄虚作假的地方就是企业的重点项目。人都是贪婪的，都难以经受利益的考验，特别是经常接触企业核心事项的人员。因而，企业在日常的财务管理中，要加强对重点项目的防范。

一个企业的重点项目通常就是那么一些，在财务管理过程中，我们要明确企业的重点项目是什么。对于业务范围比较广的企业来说，这点更重要，不能偏颇，顾此失彼。企业只有明确了自身的重点项目在哪儿，才能谈及对重点项目的防范监督。

加强对重点项目的防范，需要企业加强对重点项目的管理监督，专人专管，且对于重点项目的支出，都要严格把控好审核关，每一笔收支都要有理有据，不可模糊混淆而过。在一些企业中，常存在人情关系，谁和谁关系好点，那么其审核就放松一点，只要能过得去就可以了，殊不知这是企业管理的大忌，会为企业的发展埋下隐患。不管是企业的重点项目，还是企业其他业务的管理，都要一视同仁，不可搞小团体，严防企业相关人员的作假行为，提升企业财务信息的可靠性。

加强对重点项目的防范，需要企业提升自身的管理能力，除了财务的把控之外，企业其他方面的管理防范也应该加强，如项目的用料、项目的规划，这些都是企业需要重点防范管理的方面。企业财务管理能力的提升，不只是财务部门防范并把控其收支，还需要项目的相关人员对项目的各个方面提高管理水平，从而提升企业整体的管理能力。

手把手教你读懂财务报表

II

财报分析案例

财务报表的相关知识已全部介绍完毕，针对理论知识，我们要在实际工作中去运用体现，本章节将结合中石油 2018 年度的财务报表，对财务报表的分析体系进行一个完整的介绍和运用。本章涉及的财报数据均来源于中石油官方网站（www.petrochina.com.cn）仅供读者对财报相关知识进行学习。

【本章要点】
　公司情况及财务状况介绍
　年度财务报表示例

11.1
公司状况及财务状况介绍

财务分析是一项讲究实战的工作，财务分析方法只有运用到实践中去才能发挥财务分析的价值。

11.1.1 公司基本状况介绍

中国石油天然气股份有限公司（简称"中国石油"或"中石油"）是由中国石油天然气集团公司根据中华人民共和国（"中国"）原国家经济贸易委员会《关于同意设立中国石油天然气股份有限公司的复函》（国经贸企改[1999]1024 号），将核心业务及与这些业务相关的资产和负债进行重组，并由中国石油集团作为独家发起人，以发起方式于 1999 年 11 月 5 日注册成立的股份有限公司。2017 年 12 月 19 日，中国石油天然气集团公司名称变更为中国石油天然气集团有限公司（变更前后均简称为"中国石油集团"）。

中国石油天然气股份有限公司是中国油气行业占主导地位的最大的油气生产和销售商，是国有企业，是中国销售收入最大的公司之一，也是世界最大的石油公司之一。

中国石油广泛从事与石油、天然气有关的各项业务，主要包括：原油和天然气的勘探、开发、生产和销售；原油和石油产品的炼制，基本及衍生化工产品、其他化工产品的生产和销售；炼油产品的销售以及贸易业务；天然气、原油和成品油的输送及天然气的销售。

中国石油发行的美国存托证券、H 股及 A 股分别于 2000 年 4 月 6 日、2000 年 4 月 7 日及 2007 年 11 月 5 日分别在纽约证券交易所、香港联合交易所有限公司以及上海证券交易所挂牌上市。

　　中国石油将以科学发展观为指导，加快实施资源、市场和国际化三大战略，着力加快转变增长方式，着力提高自主创新能力，着力建立安全环保节能长效机制，着力建设和谐企业，建成具有较强竞争力的国际能源公司。

11.1.2　财务状况简要揭示

　　中国石油是中国较为大型的国有企业之一，本节将对其相关的财务数据作简要的概述。中石油 2018 年 12 月 31 日资产总额约为 24 325.58 亿元人民币，负债总额约 10 216.15 亿元，其 2014—2018 年各项财务数据如表 11-1、表 11-2 所示。

表 11-1　按国际财务报告准则编制的主要财务数据

单位：人民币百万元

截至各年度 12 月 31 日

项目	2018 年	2017 年	2016 年	2015 年	2014 年
营业额	2 353 588	2 015 890	1 616 903	1 725 428	2 282 962
经营利润	120 997	67 722	60 635	79 252	169 833
税前利润	115 206	53 089	45 140	57 815	156 759
所得税费用	(42 790)	(16 296)	(15 768)	(15 726)	(37 731)
本年利润	72 416	36 793	29 372	42 089	119 028
归属于：					
母公司股东	52 591	22 798	7 857	35 517	107 172
非控制性权益	19 825	13 995	21 515	6 572	11 856
归属于母公司股东的每股基本及摊薄盈利（人民币元）(1)	0.29	0.12	0.04	0.19	0.59
流动资产总额	433 128	425 162	381 665	349 344	391 308
非流动资产总额	1 999 138	1 979 450	2 014 986	2 044 500	2 014 165
资产总额	2 432 266	2 404 612	2 396 651	2 393 844	2 405 473

续表

项目	2018 年	2017 年	2016 年	2015 年	2014 年
流动负债总额	586 386	576 667	499 263	471 407	579 829
非流动负债总额	435 222	446 626	524 653	578 403	507 863
负债总额	1 021 608	1 023 293	1 023 916	1 049 810	1 087 692
权益归属于：					
母公司股东权益	1 214 286	1 193 520	1 189 024	1 179 716	1 175 894
非控制性权益	196 372	187 799	183 711	164 318	141 887
权益总额	1 410 658	1 381 319	1 372 735	1 344 034	1 317 781
其他财务数据					
资本性支出	255 974	216 227	172 386	202 238	291 729
经营活动产生的现金流量净额	351 565	366 655	265 179	261 312	356 477
投资活动使用的现金流量净额	(267 732)	(243 546)	(175 887)	(215 879)	(290 838)
融资活动使用的现金流量净额	(123 515)	(94 725)	(67 007)	(45 439)	(44 312)
净资产收益率 (%)	4.3	1.9	0.7	3.0	9.1

注：（1）截至 2014 年 12 月 31 日、2015 年 12 月 31 日、2016 年 12 月 31 日、2017 年 12 月 31 日和 2018 年 12 月 31 日，每股基本及摊薄盈利是按照净利润除以该会计年度已发行股份之数 1 830.21 亿股计算。

表 11-2　（1）主要会计数据及财务指标

单位：人民币百万元

项目	2018 年	2017 年	本年比上年增减（%）	2016 年
营业收入	2 353 588	2 015 890	16.8	1 616 903
营业利润	134 812	57 769	133.4	46 939
归属于母公司股东的净利润	52 585	22 793	130.7	7 900
归属于母公司股东的扣除非经常性损益的净利润	66 195	26 778	147.2	2 634

续表

项目	2018 年	2017 年	本年比上年增减（%）	2016 年
经营活动产生的现金流量净额	351 565	366 655	(4.1)	265 179
加权平均净资产收益率（%）	4.4	1.9	2.5 个百分点	0.7
期末总股本（亿股）	1 830.21	1 830.21	—	1 830.21
基本每股收益（人民币元）	0.29	0.12	130.7	0.04
稀释每股收益（人民币元）	0.29	0.12	130.7	0.04
总资产	2 432 558	2 404 910	1.1	2 396 950
归属于母公司股东权益	1 214 570	1 193 810	1.7	1 189 319

表 11-2　（2）分季度主要财务指标

单位：人民币百万元

项目	2018 年第一季度	2018 年第二季度	2018 年第三季度	2018 年第四季度
营业收入	542 654	566 168	601 111	643 655
归属于母公司股东的净利润	10 150	16 936	21 035	4 464
归属于母公司股东的扣除非经常性损益的净利润	12 348	17 879	27 952	8 016
经营活动产生的现金流量净额	61 802	84 356	110 779	94 628

从表 11-1 和表 11-2 中看出，2018 年全年，中石油公司营业额 23 535.88 亿元人民币，同比增长 16.8%；归属于母公司股东的净利润为 525.85 亿元；净资产收益率 4.3%，同比上升 2.4 个百分点；基本每股收益 0.29 元。

11.2
年度财务报表示例

通过上一节内容的学习，我们已经对中国石油天然气股份有限公司 2018

年财务状况有了基本的了解，本节就将结合我们所了解的知识对中石油 2018 年的年度财务报表，进行分析。

11.2.1 公司年度财务报表简介

中石油 2018 年度财务报表包括 2018 年度资产负债表、利润表、现金流量表及股东权益变动表，现对中石油 2018 年度财务报表的相关表格进行介绍，主要是对中石油合并财务报表及母公司财务报表进行介绍。首先我们要看到的是中石油 2018 年度资产负债表，如表 11-3 和表 11-4 所示，为中石油 2018 年 12 月 31 日合并及公司资产负债表。

表 11-3　中石油 2018 年 12 月 31 日合并及公司资产负债表

中国石油天然气股份有限公司 2018 年 12 月 31 日合并及公司资产负债表 （除特别注明外，金额单位为人民币百万元）					
资产	附注	2018 年 12 月 31 日 合并	2017 年 12 月 31 日 合并	2018 年 12 月 31 日 公司	2017 年 12 月 31 日 公司
流动资产					
货币资金	7	95 133	136 121	15 309	44 432
应收票据及应收账款	8	74 815	72 358	18 334	19 087
预付款项	9	17 103	10 191	6 267	4 065
其他应收款	10	17 123	14 128	14 316	25 682
存货	11	174 586	144 669	114 952	94 439
其他流动资产		54 368	47 695	46 082	33 582
流动资产合计		433 128	425 162	215 260	221 287
非流动资产					
可供出售金融资产	12	－	1 937	－	1 339
其他权益工具投资	13	760	－	390	－
长期股权投资	14	89 432	81 216	388 818	382 450

续表

资产	附注	2018 年 12 月 31 日 合并	2017 年 12 月 31 日 合并	2018 年 12 月 31 日 公司	2017 年 12 月 31 日 公司
固定资产	15	685 848	695 034	337 629	331 837
油气资产	16	800 475	811 604	557 121	547 073
在建工程	17	219 594	196 192	151 366	137 866
无形资产	18	77 261	72 913	58 890	54 813
商誉	19	42 273	41 934	—	—
长期待摊费用	20	28 529	26 711	22 761	21 768
递延所得税资产	33	23 498	26 724	17 910	23 354
其他非流动资产		31 760	25 483	7 884	7 672
非流动资产合计		1 999 430	1 979 748	1 542 769	1 508 172
资产总计		2 432 558	2 404 910	1 758 029	1 729 459

表 11-4 中石油 2018 年 12 月 31 日合并及公司资产负债（续）

中国石油天然气股份有限公司

2018 年 12 月 31 日合并及公司资产负债表（续）

（除特别注明外，金额单位为人民币百万元）

负债及股东权益	附注	2018 年 12 月 31 日 合并	2017 年 12 月 31 日 合并	2018 年 12 月 31 日 公司	2017 年 12 月 31 日 公司
流动负债					
短期借款	22	62 368	93 881	61 873	84 770
应付票据及应付账款	23	252 994	235 211	121 473	119 429
预收款项	24	—	67 176	—	44 435
合同负债	25	68 076	—	47 184	—
应付职工薪酬	26	10 087	6 955	7 906	5 051
应交税费	27	82 744	57 431	58 734	41 312

续表

负债及股东权益	附注	2018 年 12 月 31 日 合并	2017 年 12 月 31 日 合并	2018 年 12 月 31 日 公司	2017 年 12 月 31 日 公司
其他应付款	28	33 808	32 804	43 862	24 086
一年内到期的非流动负债	30	75 370	81 536	63 028	63 822
其他流动负债		939	1 673	217	164
流动负债合计		586 386	576 667	404 277	383 069
非流动负债					
长期借款	31	177 605	195 192	72 166	94 299
应付债券	32	91 817	94 666	85 000	85 000
预计负债	29	132 780	131 546	92 017	92 137
递延所得税负债	33	17 022	12 667	—	—
其他非流动负债		16 005	12 562	8 489	6 268
非流动负债合计		435 229	446 633	257 672	277 704
负债合计		1 021 615	1 023 300	661 949	660 773
股东权益					
股本	34	183 021	183 021	183 021	183 021
资本公积	35	128 683	128 639	127 859	127 881
专项储备		13 831	13 366	7 373	7 503
其他综合收益	53	(32 397)	(27 433)	505	352
盈余公积	36	194 245	188 769	183 153	177 677
未分配利润	37	727 187	707 448	594 169	572 252
归属于母公司股东权益合计		1 214 570	1 193 810	1 096 080	1 068 686
少数股东权益	38	196 373	187 800	—	—
股东权益合计		1 410 943	1 381 610	1 096 080	1 068 686
负债及股东权益合计		2 432 558	2 404 910	1 758 029	1 729 459

从表 11-3 和 11-4 中，我们能够看出 2018 年末中石油整个集团合并资产总额为 24 325.58 亿元，母公司资产总额为 17 580.29 亿元；集团公司负债总额为 10 216.15 亿元，母公司负债总额为 6 619.49 亿元。通过中石油 2018 年年末资产负债表，我们能大致了解中石油集团公司 2018 年的财务状况，对其资产、负债以及所有者权益都有一个认识。

财务报表中的利润表也是我们要重点把握的，利润表更多的是反映一个公司的经营成果，即对企业营业收入、营业成本、营业费用以及企业利润的反映，如表 11-5 所示为中石油 2018 年度企业合并利润表及母公司利润表。

表 11-5　中石油 2018 年度企业合并利润表及母公司利润表

中国石油天然气股份有限公司
2018 年度合并及公司利润表
（除特别注明外，金额单位为人民币百万元）

项目	附注	2018 年度 合并	2017 年度 合并	2018 年度 公司	2017 年度 公司
营业收入	39	2 353 588	2 015 890	1 355 264	1 165 213
减：营业成本	39	(1 824 382)	(1 584 245)	(1 020 294)	(878 505)
税金及附加	40	(215 881)	(196 095)	(170 009)	(163 906)
销售费用	41	(68 882)	(66 067)	(48 416)	(46 234)
管理费用	42	(67 714)	(66 490)	(42 502)	(43 386)
研发费用	43	(12 826)	(11 075)	(9 904)	(8 507)
财务费用	44	(18 480)	(21 648)	(16 233)	(17 345)
其中：利息费用		(22 352)	(22 408)	(16 985)	(18 068)
利息收入		3 769	2 901	1 299	1 564
资产减值损失	45	(34 589)	(26 054)	(9 815)	(14 745)
信用减值损失	46	494	—	1 055	—
加：其他收益	47		(26 054)		4 558

续表

项目	附注	2018 年度 合并	2017 年度 合并	2018 年度 公司	2017 年度 公司
投资收益	48		6 734		25 215
其中：对联营企业和合营企业的投资收益					3 167
资产处置收益 /（损失）	49	673	(1 184)	481	(1 138)
营业利润 /（亏损）		134 812	57 769	82 839	21 220
加：营业外收入	50a	3 213	3 612	2 701	2 933
减：营业外支出	50b	(22 825)	(8 298)	(14 724)	(6 842)
利润 /（亏损）总额		115 200	53 083	70 816	17 311
减：所得税费用	51	(42 790)	(16 295)	(16 056)	1 978
净利润 /（亏损）		72 410	36 788	54 760	19 289
按经营持续性分类：					
持续经营净利润 /（亏损）		72 410	36 788	54 760	19 289
终止经营净利润 /（亏损）		–	–	–	–
按所有权归属分类：					
归属于母公司股东的净利润		52 585	22 793	54 760	19 289
少数股东损益		19 825	13 995	–	–
其他综合收益的税后净额		(2 648)	(1 365)	153	(431)
归属于母公司股东的其他综合收益的税后净额		(4 964)	887	153	(431)
（一）不能重分类进损益的其他综合收益					
其他权益工具投资公允价值变动		(162)	–	(55)	–

续表

项目	附注	2018 年度 合并	2017 年度 合并	2018 年度 公司	2017 年度 公司
（二）将重分类进损益的其他综合收益					
权益法下可转损益的其他综合收益		220	(326)	208	(447)
可供出售金融资产公允价值变动损益		–	(36)	–	16
外币财务报表折算差额		(5 022)	1 249	–	–
归属于少数股东的其他综合收益的税后净额		2 316	(2 252)	–	–
综合收益总额		69 762	35 423	54 913	18 858
归属于：					
母公司股东		47 621	23 680	18 858	(15 296)
少数股东		22 141	11 743	–	–
每股收益					
基本每股收益（人民币元）	52	0.29	0.12	0.30	0.11
稀释每股收益（人民币元）	52	0.29	0.12	0.30	0.11

　　从表 11-5 中，我们能看出中石油 2018 年度的营业收入是 23 535.88 亿元，母公司营业收入 13 552.64 亿元。对比其上年度的数据，明显能看出 2018 年度的营业收入在上年的基础上有所增长。2018 年年度净利润为 724.1 亿元、每股收益 0.29 元人民币等信息。

　　了解完中石油 2018 年度资产负债和利润表，接下来还要了解财务报表组成中的另一重要的表格，即现金流量表，它能反映出企业现金流量的状况，如表 11-6 所示为中石油 2018 年的年度企业现金流量表。

表 11-6 中石油 2018 年的年度企业现金流量表

中国石油天然气股份有限公司

2018 年度合并及公司现金流量表

（除特别注明外，金额单位为人民币百万元）

项目	附注	2018 年度合并	2017 年度合并	2018 年度公司	2017 年度公司
经营活动产生的现金流量					
销售商品、提供劳务收到的现金		2 714 870	2 335 730	1 577 719	1 352 969
收到的税费返还		9 683	7 019	7 172	1 991
收到其他与经营活动有关的现金		7 545	5 581	32 554	32 344
经营活动现金流入小计		2 732 098	2 348 330	1 617 445	1 387 304
购买商品、接受劳务支付的现金		(1 839 676)	(1 499 728)	(1 021 610)	(809 784)
支付给职工以及为职工支付的现金		(142 950)	(123 825)	(105 169)	(90 324)
支付的各项税费		(323 156)	(292 931)	(231 162)	(223 764)
支付其他与经营活动有关的现金		(74 751)	(65 191)	(47 409)	(42 272)
经营活动现金流出小计		(2 380 533)	(1 981 675)	(1 405 350)	(1 166 144)
经营活动产生的现金流量净额	55(a)	351 565	366 655	212 095	221 160
投资活动产生的现金流量					
收回投资收到的现金		16 089	3 173	40 986	21 390
取得投资收益所收到的现金		8 391	9 408	32 612	22 829
处置固定资产、油气资产、无形资产和其他长期资产收回的现金净额		1 701	1 305	1 167	909
投资活动现金流入小计		26 181	13 886	74 765	45 128

续表

项目	附注	2018 年度 合并	2017 年度 合并	2018 年度 公司	2017 年度 公司
购建固定资产、油气资产、无形资产和其他长期资产支付的现金		(275 744)	(237 004)	(193 988)	(154 252)
投资支付的现金		(18 169)	(20 428)	(36 314)	(13 351)
投资活动现金流出小计		(293 913)	(257 432)	(230 302)	(167 603)
投资活动产生的现金流量净额		(267 732)	(243 546)	(155 537)	(122 475)
筹资活动产生的现金流量					
吸收投资收到的现金		2 211	1 470	—	—
其中：子公司吸收少数股东投资收到的现金		2 211	1 470	—	—
取得借款收到的现金		690 189	730 252	150 511	285 725
收到其他与筹资活动有关的现金		—	85	—	81
筹资活动现金流入小计		692 400	731 807	150 511	285 806
偿还债务支付的现金		(754 227)	(774 113)	(196 347)	(319 255)
分配股利、利润或偿付利息支付的现金		(61 602)	(51 837)	(42 045)	(35 889)
其中：子公司支付给少数股东的股利、利润		(15 207)	(12 621)	—	—
子公司资本减少		(86)	(17)	—	—
支付其他与筹资活动有关的现金		—	(565)	—	(116)
筹资活动现金流出小计		(815 915)	(826 532)	(238 392)	(355 260)
筹资活动产生的现金流量净额		(123 515)	(94 725)	(87 881)	(69 454)
汇率变动对现金及现金等价物的影响		2 503	(3 538)	—	—

续表

项目	附注	2018 年度 合并	2017 年度 合并	2018 年度 公司	2017 年度 公司
现金及现金等价物净（减少）/ 增加额	55(b)	(37 179)	24 846	(31 323)	29 231
加：期初现金及现金等价物余额		122 777	97 931	44 432	15 201
期末现金及现金等价物余额	55(c)	85 598	122 777	13 109	44 432

企业财务报表中还有就是企业的所有者权益变动表，是企业所有者权益变动的体现，通过该报表，我们能看出企业股东权益的变化，如图 11-1 所示，为中石油 2018 年度企业所有者权益变动表。

项目	股本	资本公积	专项储备	其他综合收益	盈余公积	未分配利润	小计	少数股东权益	股东权益合计
2017 年 1 月 1 日余额	183,021	128,377	13,188	(28,320)	186,840	706,213	1,189,319	183,709	1,373,028
2017 年度增减变动额									
综合收益总额	-	-	-	887	-	22,793	23,680	11,743	35,423
专项储备-安全生产费									
本期提取	-	-	5,174	-	-	-	5,174	282	5,456
本期使用	-	-	(4,996)	-	-	-	(4,996)	(133)	(5,129)
利润分配									
提取盈余公积	-	-	-	-	1,929	(1,929)	-	-	-
对股东的分配	-	-	-	-	-	(19,626)	(19,626)	(10,404)	(30,030)
其他权益变动									
与少数股东的权益性交易	-	289	-	-	-	-	289	649	938
少数股东资本投入	-	-	-	-	-	-	-	2,584	2,584
其他	-	(27)	-	-	-	(3)	(30)	(630)	(660)
2017 年 12 月 31 日余额	183,021	128,639	13,366	(27,433)	188,769	707,448	1,193,810	187,800	1,381,610
2018 年 1 月 1 日余额	183,021	128,639	13,366	(27,433)	188,769	707,448	1,193,810	187,800	1,381,610
2018 年度增减变动额									
综合收益总额	-	-	-	(4,964)	-	52,585	47,621	22,141	69,762
专项储备-安全生产费									
本期提取	-	-	5,523	-	-	-	5,523	299	5,822
本期使用	-	-	(5,058)	-	-	-	(5,058)	(156)	(5,214)
利润分配									
提取盈余公积	-	-	-	-	5,476	(5,476)	-	-	-
对股东的分配	-	-	-	-	-	(27,369)	(27,369)	(15,423)	(42,792)
其他权益变动									
与少数股东的权益性交易	-	13	-	-	-	-	13	(24)	(11)
少数股东资本投入	-	-	-	-	-	-	-	2,300	2,300
处置子公司	-	-	-	-	-	-	-	(879)	(879)
其他	-	31	-	-	-	(1)	30	315	345
2018 年 12 月 31 日余额	183,021	128,683	13,831	(32,397)	194,245	727,187	1,214,570	196,373	1,410,943

归属于母公司股东权益

图 11-1

通过表 11-3 到表 11-6 和图 11-1，我们对中石油 2018 年度的财务报表有了一个简单的认识，对于中石油 2018 年的经营财务状况也有了一个大致了解，这是我们认识中石油财务状况和企业状况的必经过程。

11.2.2　公司年度财务报表结构分析

在本节的第一小节中我们已经看到了中石油 2018 年度的财务报表的基本样式，对其也有了一个简单的认识，本节我们将对中石油 2018 年度财务报表的结构进行分析。

首先，我们来看资产负债表，结合表 11-3 与表 11-4 来看，中石油 2018 年年末资产总额为 24 325.58 亿元，相较 2017 年增加 276.48 亿元，增加 1.15%。而资产的构成由流动资产和非流动资产构成，中石油 2018 年年底流动资产总额 4 331.28 亿元，占资产总额的 17.81%，比 2017 年有增长；非流动资产总额 19 994.3 亿元，占资产总额的 82.19%，说明非流动资产的占比较大，且相较于 2017 年有所下降。对于负债和所有者权益来看，中石油 2018 年年底负债总额 10 216.15 亿元，相较于 2017 年年底略微有所下降，其中流动负债 5 863.86 亿元，占负债总额的 57.40%，非流动负债总额 4 352.29 亿元，占负债总额的 42.60%。所有者权益 14 109.43 亿元，由股本、资本公积、专项储备、其他综合收益等构成。

其次，在利润表方面，2018 年实现营业收入 23 535.88 亿元，同比增加 3 376.98 亿元，增加 16.75%。而中石油 2018 年营业利润 1 348.12 亿元，实现净利润 724.10 亿元。

然后，从现金流量表来看，2018 年度中石油经营活动产生现金流量净额 3 515.65 亿元，投资活动产生现金流量净额 -2 677.32 亿元，从中石油现金流量表中可以看出其购建固定资产、油气资产、无形资产和其他长期资产支付的现金在投资支出中占比较大；筹资活动产生的现金流量净额为 -1 235.15 亿元，其期末现金及现金等价物余额为 855.98 亿元。

最后，从股东权益变动表我们可以看出，在 2017 年与 2018 年中石油的股东权益变化中主要是综合收益、专项储备及利润分配对其影响较大。

11.2.3 公司年度盈利能力分析

企业的盈利能力分析是企业在经营决策时必须要考虑的指标分析，企业只有总结并掌握自身的营业能力，才能准确制定企业发展方向，促进企业的有利发展。企业盈利能力分析指标包括企业的销售毛利率、营业利润率、销售净利率。

结合 11.2.1 节中石油 2018 年度财务报表的数据，我们将对中石油 2018 年度的盈利指标进行分析。

首先要分析的指标是销售毛利率，依据销售毛利率的计算公式：

销售毛利率 =（营业收入 − 营业成本）÷ 营业收入 ×100%

结合中石油 2018 年营业收入 23 535.88 亿元，营业成本 18 243.82 亿元，可得 2018 年销售毛利率如下。

销售毛利率 =（23 535.88−18 243.82）÷23 535.88×100%=22.49%

中石油公司 2017 年的销售毛利率为（20 158.9−15 842.45）÷20 158.9=27.25%，因而 2018 年相较 2017 年销售毛利下降 4.76 个百分点。

再来看其营业利润率计算公式如下。

营业利润率 = 营业利润 ÷ 营业收入 ×100%

依据中石油 2018 年利润表数据，中石油 2018 年实现营业利润 1 348.12 亿元，则其营业利润率为：

2018 年营业利润率 =1 348.12÷23 535.88×100%=5.73%

2017 年营业利润率为 =577.69÷20 158.9×100%=2.87%

营业利润率所揭示的更能反映企业具有稳定和持久性的收入和支出的因素，因为其考虑了企业的成本费用等因素，所揭示的企业盈利能力更加准确。中石油 2018 年营业利润率为 5.73%，相较 2017 年的 2.87% 明显上升。

再来看看企业的销售净利率，其计算公式如下。

销售净利率 = 净利润 ÷ 营业收入 ×100%

2018 年中石油销售净利率 =724.1 ÷ 23 535.88 × 100%=3.08%

2017 年中石油销售净利率 =367.88 ÷ 20 158.9 × 100%=1.82%

中石油 2018 年销售净利率比 2018 年增加 1.26 个百分点，变化幅度不大，表明其营业收入的最终获利能力趋于稳定。

11.2.4 公司年度偿债能力分析

除了盈利能力，企业的偿债能力也是重要的财务分析指标，首先我们来考量的是企业的资金流动性分析。

资金的流动性主要是指企业资产的变现能力和周转速度。从企业的资产构成中，我们也能窥见一些企业的资金流动性的能力，企业的流动资产占资产的比重较大，那么企业的资产主要就是以流动资产为主，而一般来说，流动资产的变现能力和周转速度都会高于非流动资产。

而在流动资产的构成中，货币资金的变现能力最强，其所占比重越高，表明企业应付市场变化的能力越强，但持有过多的货币资金也不合理，需要把握适宜的量。

除了货币资金，居其次的是交易性金融资产和应收票据，应收账款、预付账款、其他应收款和存货等流动资产的流动性相对较低，所以其变现能力相对较弱。我们通过表 11-7 来看看 2017 年与 2018 年中石油的资金结构。

表 11-7 中石油 2017 年和 2018 年资金结构

项目	2018 年	2017 年
流动资产 / 总资产	17.81%	17.68%
货币资金 / 流动资产	21.96%	32.02%
应收票据 / 流动资产	3.77%	4.52%
应收账款 / 流动资产	13.51%	12.50%

续表

项目	2018 年	2017 年
预付账款 / 流动资产	3.95%	2.40%
其他应收款 / 流动资产	3.95%	3.32%
存货 / 流动资产	40.31%	34.03%
其他流动资产 / 流动资产	12.55%	11.21%

从表 11-8 的数据我们可以看出，中石油 2017 年与 2018 年的资产构成中，非流动资产为主要的组成部分，2018 年流动资产的占比相较于 2017 年有所提升。

在流动资产中，货币资金占流动资产的比重由 32.02%（1 361.21 ÷ 4 251.62 × 100%）降低到 21.96%，减少 10.06 个百分点，表明企业持有的现金量减少；应收票据由 4.52% 降低到 3.77%，表明企业持有的商业票据减少；应收账款、预付账款、其他应收款、存货和其他流动资产占流动资产的比重均有所上升。

除了资金的流动性分析，企业偿债能力的体现还表现为在企业的短期偿债能力指标和长期偿债能力指标等多个能力上。

首先，依据表 11-3 与表 11-4 中石油 2018 年度财务报表的数据，来看看其短期偿债能力的财务指标。

流动比率 = 流动资产 ÷ 流动负债 = 4 331.28 ÷ 5 863.86 = 0.739

速动比率 =（流动资产 − 存货）÷ 流动负债

= （4 331.28 − 1 745.86）÷ 5 863.86 = 0.441

现金比率 =（货币资金 + 金融资产）÷ 流动负债

= 951.33 ÷ 5 863.86 = 0.162

从流动比率来看，中石油 2018 年流动比率为 0.739，小于 1，远低于我们一般认为的合理数 2 的范围值，虽然流动比率越高越好，但也不是绝对的。

而对比中石油 2017 年的流动比率 0.737（4 251.62 ÷ 5 766.67 × 100%），

其自身变化幅度较小。2018 年中石油速动比率为 0.441，而 2017 年速动比率为 0.486[（4 251.62−1 446.69）÷5 766.67×100%]，比 2018 年多 0.045，且均低于 1，但不能因此就认为中石油的经营不正常，因为只要其现金流量充沛，偿债能力依然较强。

现金比率反映的是企业的立即变现能力，该指标越高，表明企业的短期偿债能力越强。中石油 2018 年现金比率为 0.162，而 2017 年的现金比率为 0.236（1 361.21÷5 766.67）。从中石油短期偿债能力 3 项指标总体来看，其短期偿债能力尚可。

其次，我们再来看长期偿债能力的分析指标，主要有资产负债率和产权比率。

资产负债率 = 负债总额 ÷ 资产总额 ×100%

　　　　　=10 216.15÷24 325.58×100%=42.00%

产权比率 = 负债总额 ÷ 股东权益总额 ×100%

　　　　　=10 216.15÷14 109.43×100%=72.41%

从中石油 2018 年的资产负债率来看，比率为 42.00%，低于通常认为的合理范围 50%，说明中石油 2018 年的资产负债率在合理的范围内；产权比率是债权人所提供资金与股东提供资金的对比关系，2018 年中石油产权比率72.41%，一般认为在 100% 以下企业是有偿债能力的，产权比率越低，说明企业自有资金对债务保障能力越强，企业的财务风险越小。

11.2.5　财务综合分析方法在年度财报中的运用

我们知道财务综合分析方法主要有杜邦分析法和沃尔比重评分法，前面已经了解了这两种分析方法的基本知识，这里依据中石油 2018 年财务报表，我们来对杜邦分析方法在中石油财务分析中的运用做进一步的认识。

首先我们来看杜邦分析法，如表 11−8 为中石油 2017 年和 2018 年的财务数据。

表 11-8 中石油 2017 年与 2018 年财务数据

项目	2017 年	2018 年
一、基本财务数据		
净利润	367.88	724.10
销售收入	20 158.9	23 535.88
资产总额	24 049.10	24 325.58
负债总额	10 233.00	10 216.15
全部成本	3 397.27	22 811.78
二、财务比率		
净资产收益率（％）	0.02	0.05
总资产净利率（％）	0.0168	0.0291
资产负债率（％）	0.43	0.42
权益乘数（％）	1.74	1.72
销售净利率（％）	0.02	0.03
总资产周转率（％）	0.84	0.97

依据表 11-9 中的数据，可以根据杜邦分析法做出中石油的 2018 年财务状况杜邦模型，主要如图 11-2 所示。

通过分析我们可以知道，中石油 2018 年净资产收益率发生改变，主要是总资产净利率和权益乘数的变动引起。而中石油公司总资产净利率受销售净利率和总资产周转率的影响，从表中可以看到，中石油公司 2018 年的总资产周转率有所提高，说明资产的利用得到了企业有效的管理控制，中石油公司 2017 年资产总额 24 049.10 亿元，销售收入 20 158.9 亿元，而 2018 年资产总额为 24 325.58 亿元，相较 2017 年增加 276.48 亿元，增加 1.15%。

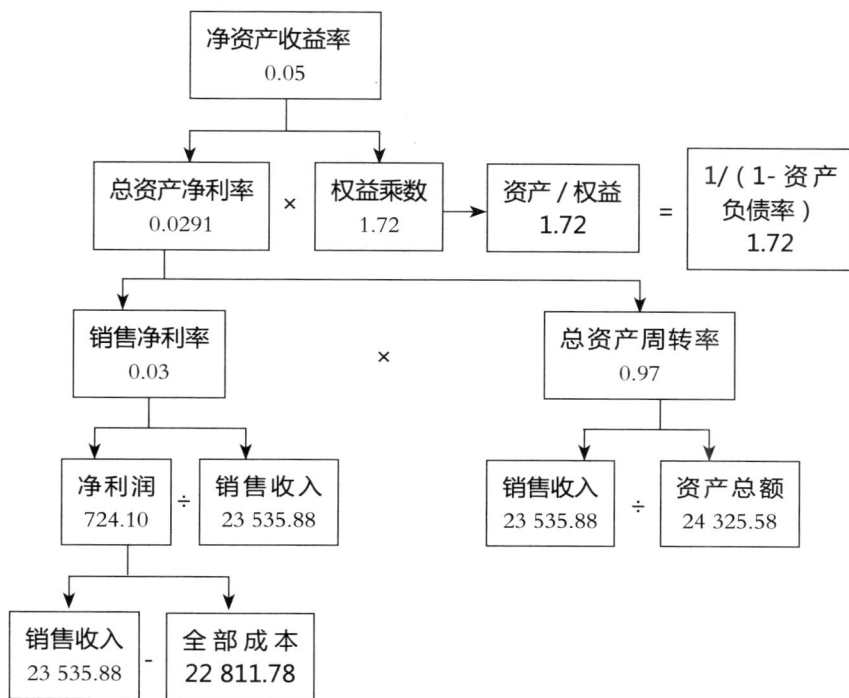

图 11-2　中石油 2017 年财务状况杜邦模型

11.2.6　从年度财务报表看公司的发展

企业经营最重要的是看其发展，企业只有持续发展，才能实现企业的价值。为此，我们也要结合企业财务报表，依据相关的财务分析指标看企业的发展。下面借助中石油的财务报表来看中石油的发展情况。

首先我们来看其营业收入增长率，计算公式为：

营业收入增长率 =（本年营业收入 − 去年营业收入）÷ 去年营业收入 × 100%

结合营业收入增长率的计算公式，我们来看看中石油 2014—2018 年的营业收入增长率，如表 11-9 所示。

表 11-9 中石油 2014—2018 年营业收入及增长情况表

项目	2014 年	2015 年	2016 年	2017 年	2018 年
营业收入（百万元）	2 282 962	1 725 428	1 616 903	2 015 890	2 353 588
营业收入增长率（%）	–	−24.42	−6.29	24.68	16.75

其中，2015 年营业收入增长率计算为：

（1 725 428−2 282 962）÷2 282 962×100%=−24.42%，2016—2018 年的计算过程相同。

企业的营业收入增长率的持续、稳定、快速提高是企业持续发展能力较强的表现，该指标越高，说明企业的营业收入增长速度越快，企业的市场前景较好；如果小于零，说明企业的营业收入开始下降，企业的发展战略需要调整。从中石油 2014—2018 年的营业收入增长情况表来看，2017 年的增速明显提高，增长率达到 24.68%，而 2015 年和 2016 年都出现了负增长。

我们再来看营业利润增长率，其计算公式为：

营业利润增长率 =（本年营业利润 − 上年营业利润）÷ 上年营业利润×100%

营业利润增长率是本年营业利润相较于上一年的营业利润的增长程度，营业利润增长率越高，说明企业的营业收入弥补其成本费用的能力提高，也能使企业获得更高的利润。如表 11-10 所示为 2014—2018 年中石油营业利润及增长情况比较表。

表 11-10 中石油 2014—2018 年营业利润及增长情况表

项目	2014 年	2015 年	2016 年	2017 年	2018 年
营业利润（百万元）	153 877	56 430	46 939	57 769	134 812
营业利润增长率（%）	–	−63.33	−16.82	23.07	133.36

其中，2015 年营业利润增长率计算为：

（56 430−153 877）÷153 877×100%=−63.33%，2016 ～ 2018 年的计算过程相同。

从表中数据可以看出营业利润增长率的波动比较大，2015 年大幅度下降，2017 年的增幅比较大，而 2018 年的营业利润呈翻倍增长，实际经营过程中都需要分析查找缘由。

接着再来看净利润增长率，其计算公式为：

净利润增长率 =（本年净利润 − 上年净利润）÷ 上年净利润 ×100%

净利润增长率是考核企业净利润的指标，企业只有净利润增长了，股东才会有保障，企业的增长发展才能有根基，企业才能持续发展，如表 11−11 所示为 2014—2018 年中石油净利润及增长情况比较表。

表 11-11　中石油 2014—2018 年净利润及增长情况表

项目	2014 年	2015 年	2016 年	2017 年	2018 年
净利润（百万元）	119 034	42 364	29 414	36 778	72 410
净利润增长率（%）	−	−64.41	−30.57	25.04	96.88

其中，2015 年净利润增长率计算为：

（42 364−119 034）÷119 034×100%=−64.41%，2016 ～ 2018 年的计算过程相同。

从表中数据可以看出中石油 2016 年净利润增长率呈现负数，2017 年净利润增长率虽然也是负数，但相比 2016 年有所上升，结合其营业收入增长率和营业利润增长率来看，其增减情况是保持一致性的。通常，企业的净利润增长率越大越好，净利润不断增长，企业获得的积累才会越大，发展资金越充足，发展前景才越好。

最后再来看反映企业发展能力的另一个财务指标，就是总资产增长率。总资产增长率反映了企业生产规模的增减变化程度，增长率越高，说明企业在本年度内的资产规模扩张的速度越快，其计算公式为：

总资产增长率 =（本年末资产总额 − 年初资产总额）÷ 年初资产总额 × 100%

总资产增长率是从企业的资产总量来衡量企业的发展能力，体现企业规模增长对企业发展后劲的影响，如表 11-12 为 2014—2018 年中石油总资产额及增长情况比较表：

表 11-12　中石油 2014—2018 年总资产额及增长情况表

项目	2014 年末	2015 年末	2016 年末	2017 年末	2018 年末
资产总额（百万元）	2 405 376	2 394 094	2 396 950	2 404 910	2 432 558
总资产增长率（%）	－	−0.47	0.12	0.33	1.15

其中，2015 年总资产增长率计算为：

（2 394 094 − 2 405 376）÷ 2 405 376 × 100% = −0.47%，2016 ~ 2018 年的计算过程相同。

从表中数据可以看出，中石油 2014—2017 年的资产变化幅度较小，而 2018 年的变化幅度相对较大，但因为其资产总额基数较大，因而资产总额的整体变化较小。